# PRACTICE MAKES PERFECT™

# French Past-Tense Verbs *Up Close*

### Annie Heminway

Mc
Graw
Hill

New York   Chicago   San Francisco   Lisbon   London   Madrid   Mexico City
Milan   New Delhi   San Juan   Seoul   Singapore   Sydney   Toronto

The **McGraw-Hill** Companies

Copyright © 2012 by The McGraw-Hill Companies, Inc. All rights reserved. Printed in the United States of America. Except as permitted under the United States Copyright Act of 1976, no part of this publication may be reproduced or distributed in any form or by any means, or stored in a database or retrieval system, without the prior written permission of the publisher.

2  3  4  5  6  7  8  9  10  11  12  13  14    QVS/QVS    22  21  20  19  18  17  16  15

ISBN        978-0-07-175398-2
MHID        0-07-175398-2

e-ISBN    978-0-07-175399-9
e-MHID    0-07-175399-0

Library of Congress Control Number   2011922812

Trademarks: McGraw-Hill, the McGraw-Hill Publishing logo, Practice Makes Perfect, and related trade dress are trademarks or registered trademarks of The McGraw-Hill Companies and/or its affiliates in the United States and other countries and may not be used without written permission. All other trademarks are the property of their respective owners. The McGraw-Hill Companies is not associated with any product or vendor mentioned in this book.

Interior design by Village Bookworks, Inc.

McGraw-Hill books are available at special quantity discounts to use as premiums and sales promotions or for use in corporate training programs. To contact a representative, please e-mail us at bulksales@mcgraw-hill.com.

This book is printed on acid-free paper.

# Contents

# Preface

Students are typically introduced to the past tenses—French has ten in all!—via the **passé composé**, followed by the **imparfait**. They are presented in a very simple way, with direct English equivalents, so as not to be overwhelming ("Oh no, another verb tense!"). In the case of the **passé composé**, it is initially easy to learn, as students are already familiar with the present tense conjugations of the auxiliary verbs **avoir** and **être**, and there is only one past participle to remember. The **imparfait** requires more memorization, but the verb endings are similar to those in the present tense, so they are also not difficult to learn.

However, the problem arises when these tenses are not revisited over time. Although they may be simple to learn at first, there are many nuanced uses that are never reviewed, causing confusion and error later on. For example, the **imparfait** is presented as a tense indicating a repeated action that took place in the past. But does it matter how long ago in the past that action occurred—and would there be an instance when the **imparfait** was not the tense to use?

The purpose of this book is to provide an overall review of these two tenses and then to focus on their trickiest uses—the ones where students tend to make the most mistakes. Through concrete examples, including some taken from literary sources, students will learn to analyze the nature of the past that is being reflected in the sentence and make the correct choice of past tense without difficulty.

While stressing the **passé composé** and the **imparfait**, students will also learn other past tenses like the **passé simple, le futur antérieur, le passé antérieur, le conditionnel passé, le subjonctif passé, l'infinitif passé**, and the **infinitif passé** to get an overall sense of the realm of the French past.

If you are not familiar with some words, use your dictionary or any free online dictionary.

Let's hop in our time machine and fall in love with the past!

# Yesterday . . .

## The passé composé

A number of different tenses in French are used to talk about the past. The tense most commonly used is the **passé composé**, which is also called the compound past or the past perfect. It is used to refer to a single action in the past. It is used in everyday language and describes past actions or states of mind. Some writers opt for the **passé composé** instead of the **passé simple**. It can be a question of style, preference, or literary orientation.

In form, the **passé composé** is a combination of the present tense of the auxiliary verb, either **avoir** (*to have*) or **être** (*to be*), and a past participle. The past participle is formed by adding an ending to the verb stem. Regular past participles take the following endings:

| | | | |
|---|---|---|---|
| **-er** verbs take **-é** | **donner** (*to give*) | → | **donné** (*given*) |
| **-ir** verbs take **-i** | **réussir** (*to succeed*) | → | **réussi** (*succeeded*) |
| **-re** verbs take **-u** | **perdre** (*to lose*) | → | **perdu** (*lost*) |

Note that the **passé composé** can be translated in different ways in English. The translation depends on the context.

| | |
|---|---|
| Elle **a acheté** un appartement. | *She **bought** an apartment.* |
| | *She **has bought** an apartment.* |
| | *She **did buy** an apartment.* |

In the negative form, the **ne** is placed in front of the auxiliary verb, **avoir** or **être**, and the **pas** is placed after it:

| | |
|---|---|
| J'**ai perdu** mes clés. | *I **lost** my keys.* |
| Je n'**ai** pas **perdu** mes clés. | *I **did** not **lose** my keys.* |
| Elle **a pris** un café au lait. | *She **had** a coffee with milk.* |
| Elle n'**a** pas **pris** de café au lait. | *She **did** not **have** a coffee with milk.* |

In the interrogative form, there are three ways to formulate a question using the **passé composé**:

| | | |
|---|---|---|
| Rising intonation: | Vous **avez fini** le livre? | ***Did** you **finish** the book?* |
| Inversion: | **Avez**-vous **fini** le livre? | ***Did** you **finish** the book?* |
| With **est-ce que**: | Est-ce que vous **avez fini** le livre? | ***Did** you **finish** the book?* |

# The **passé composé** of regular verbs conjugated with **avoir**

Most verbs are conjugated with the auxiliary verb **avoir** in the **passé composé**. Before looking at how it is done, let's first review the present tense of **avoir**:

| | | | |
|---|---|---|---|
| **j'ai** | *I have* | **nous avons** | *we have* |
| **tu as** | *you have* | **vous avez** | *you have* |
| **il/elle a** | *he/she has* | **ils/elles ont** | *they have* |

When **avoir** is used in the **passé composé**, with a few exceptions, the past participle does *not* agree in gender and number with the subject of the verb.

# The **passé composé** with -er verbs

For regular verbs ending in -**er**, the **passé composé** is formed using the present tense of the auxiliary verb **avoir** (or **être**) + the past participle. Drop the infinitive ending -**er**, and add the participle ending -**é**. Take a look at the following examples:

**apporter** (*to bring*)

| | | | |
|---|---|---|---|
| **j'ai apporté** | *I brought* | **nous avons apporté** | *we brought* |
| **tu as apporté** | *you brought* | **vous avez apporté** | *you brought* |
| **il/elle a apporté** | *he/she brought* | **ils/elles ont apporté** | *they brought* |

**demander** (*to ask*)

| | | | |
|---|---|---|---|
| **j'ai demandé** | *I asked* | **nous avons demandé** | *we asked* |
| **tu as demandé** | *you asked* | **vous avez demandé** | *you asked* |
| **il/elle a demandé** | *he/she asked* | **ils/elles ont demandé** | *they asked* |

| | |
|---|---|
| Ils leur **ont apporté** de bonnes nouvelles. | *They **brought** them good news.* |
| Avez-vous **apporté** des fleurs? | ***Did** you **bring** flowers?* |
| On ne lui **a** rien **demandé**. | *We **did not ask** him anything.* |
| As-tu **demandé** comment y aller? | ***Did** you **ask** how to get there?* |

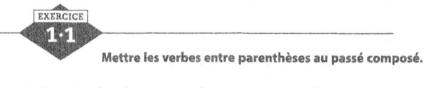

EXERCICE

**1·1**

**Mettre les verbes entre parenthèses au passé composé.**

1. Nous (parler) de notre prochain voyage aux Galapagos.

_____

2. Lucie (proposer) à Antoine d'aller au cinéma.

_____

3. Tu (trouver) la fève dans ta part de galette des rois. Tu es la reine!

_____

4. Vous (apporter) votre appareil photo?

_____

5. Le ministre (déclarer) ce matin que le chômage avait baissé.

_____

6. L'équipe (travailler) toute la nuit pour terminer le montage du film.

_____

7. Galilée (prouver) que la Terre était ronde.

_____

8. Je (oublier) mon parapluie dans le train alors qu'il pleut. Gloups!

_____

9. Ce matin, j'étais en retard et je (ne rien manger).

_____

10. Nicolas (chanter) pour mon vingtième anniversaire.

_____

# The passé composé with -ir and -re verbs

For regular verbs ending in -**ir** and -**re**, the past participle is formed by dropping the infinitive endings -**ir** and -**re** and adding the appropriate ending -**i** or -**u**. Take a look at the following examples:

**dormir** (to sleep)

| | | | |
|---|---|---|---|
| **j'ai dormi** | *I slept* | **nous avons dormi** | *we slept* |
| **tu as dormi** | *you slept* | **vous avez dormi** | *you slept* |
| **il/elle a dormi** | *he/she slept* | **ils/elles ont dormi** | *they slept* |

**attendre** (to wait)

| | | | |
|---|---|---|---|
| **j'ai attendu** | *I waited* | **nous avons attendu** | *we waited* |
| **tu as attendu** | *you waited* | **vous avez attendu** | *you waited* |
| **il/elle a attendu** | *he/she waited* | **ils/elles ont attendu** | *they waited* |

Il **s'est assis** dans le fauteuil et il **a dormi** tout l'après-midi.

He **sat** in the armchair, and he **slept** the whole afternoon.

Je l'**ai attendu** une heure devant le Panthéon!

I **waited** for him one hour in front of the Panthéon!

In the **passé composé** of verbs conjugated with **avoir**, the past participle agrees with the direct object of the verb, but only in sentences where the direct object noun or pronoun *precedes* the verb. Take a look at the following examples:

Elle **a entendu** mon explication.     She **heard** my explanation.
Elle l'**a entendue**.     She **heard** it.
Nous **avons acheté** les cerises.     We **bought** the cherries
Nous les **avons achetées**.     We **bought** them.

**EXERCICE**

**1·2**

### Mettre les verbes entre parenthèses au passé composé.

1. Je (entendre) un bruit bizarre.

   _____

2. Agnès (réfléchir) avant de répondre à Quentin.

   _____

3. Tu (cueillir) les tomates et je vais les laver.

   _____

4. Nous (finir) de répondre aux mails.

   _____

5. Ernest Hemingway (obtenir) le prix Nobel de littérature en 1954.

   _____

6. (Sentir) vous la fumée? La boulangerie (brûler).

   _____

7. Elles (attendre) le début des soldes pour faire les magasins.

_____

8. La neige (fondre) rapidement.

_____

9. Pauline (partir) avant moi, mais je la (rattraper) devant l'ascenseur.

_____

10. Nous (prendre) le train pour voir nos cousins à Paris.

_____

# The passé composé of irregular verbs conjugated with avoir

Many verbs conjugated with **avoir** in the **passé composé** have irregular past participles that do not follow any particular rule—you simply have to memorize them.

| | |
|---|---|
| Nous **avons appris** les nouvelles hier. | We **learned** the news yesterday. |
| Tu n'as pas **compris** le problème. | You **did** not **understand** the problem. |
| J'**ai lu** ce livre l'année dernière. | I **read** this book last year. |

Here is a sample list of irregular past participles:

| | | | |
|---|---|---|---|
| **acquérir** | *to acquire* | **acquis** | *acquired* |
| **apprendre** | *to learn* | **appris** | *learned* |
| **avoir** | *to have* | **eu** | *had* |
| **boire** | *to drink* | **bu** | *drunk* |
| **comprendre** | *to understand* | **compris** | *understood* |
| **conduire** | *to drive* | **conduit** | *driven* |
| **craindre** | *to fear* | **craint** | *feared* |
| **devoir** | *must* | **dû** | *had to* |
| **dire** | *to say* | **dit** | *said* |
| **écrire** | *to write* | **écrit** | *written* |
| **être** | *to be* | **été** | *been* |
| **faire** | *to do, to make* | **fait** | *done, made* |
| **falloir** | *to have to* | **fallu** | *had to* |
| **lire** | *to read* | **lu** | *read* |
| **mettre** | *to put* | **mis** | *put* |

| | | | |
|---|---|---|---|
| offrir | *to offer* | offert | *offered* |
| ouvrir | *to open* | ouvert | *opened* |
| peindre | *to paint* | peint | *painted* |
| plaire | *to please* | plu | *pleased* |
| pleuvoir | *to rain* | plu | *rained* |
| pouvoir | *can, to be able to* | pu | *could, was/were able* |
| prendre | *to take* | pris | *taken* |
| recevoir | *to receive* | reçu | *received* |
| rire | *to laugh* | ri | *laughed* |
| savoir | *to know* | su | *known* |
| suivre | *to follow* | suivi | *followed* |
| vivre | *to live* | vécu | *lived* |
| voir | *to see* | vu | *seen* |
| vouloir | *to want* | voulu | *wanted* |

EXERCICE

## 1·3

**Mettre les verbes entre parenthèses au passé composé.**

1. Ils (vivre) dans la banlieue nord de Paris.

   _____

2. Lisa (apprendre) par cœur ce morceau de piano pour le spectacle.

   _____

3. Claude Monet (peindre) *Impression, soleil levant* en 1872.

   _____

4. Pourquoi (vouloir) tu devenir médecin?

   _____

5. Il (pleuvoir) pendant toutes les vacances. Quel temps de chien!

   _____

6. Ma voisine nous (conduire) à la pharmacie.

   _____

7. Emma (avoir) dix-huit ans hier. Elle est majeure maintenant!

_____

8. Nous (être déçu) par les décisions du gouvernement.

_____

9. Arthur lui (plaire) beaucoup.

_____

10. Ils (devoir) partir précipitamment, il y a une fuite d'eau chez eux.

_____

11. Nous (acquérir) ce terrain pour faire construire une maison de campagne.

_____

12. Raphaël me (donner) rendez-vous au Mont Saint-Michel!

_____

13. Je lui (rien offrir) pour son anniversaire de mariage.

_____

14. Je (apprendre) à ma grand-mère comment envoyer des mails, mais je (recevoir) dix fois le même!

_____

15. Tu (lire) les journaux? Le directeur de la chaîne de télévision (démissionner) à cause d'un scandale.

_____

16. Le Festival de Bande Dessinée d'Angoulême (avoir lieu) fin janvier.

_____

17. Nous (écrire) au responsable du supermarché pour nous plaindre de la hausse des prix.

_____

18. Ce chat me (suivre) jusque chez moi, alors je le (adopter).

_____

19. Avec tout mon bavardage, je (distraire) Chloé qui (mettre) du sel à la place du sucre dans la mousse au chocolat. Beurk!

---

20. Ces comédiens nous (faire) beaucoup rire.

---

# The passé composé of verbs conjugated with être

Some verbs use **être** instead of **avoir** in the **passé composé**. This category includes all pronominal verbs and a finite list of verbs that must be memorized. Before we look at what they are, let's first review the present tense of **être**:

| | | | |
|---|---|---|---|
| **je suis** | *I am* | **nous sommes** | *we are* |
| **tu es** | *you are* | **vous êtes** | *you are* |
| **il/elle est** | *he/she is* | **ils/elles sont** | *they are* |

As was mentioned before, there is a finite list of verbs that use **être** in the **passé composé**. There is no way around it—it has to be memorized!

| | |
|---|---|
| **aller** | *to go* |
| **arriver** | *to arrive* |
| **descendre** | *to go down* |
| **devenir** | *to become* |
| **entrer** | *to enter* |
| **monter** | *to go up* |
| **mourir** | *to die* |
| **naître** | *to be born* |
| **partir** | *to leave* |
| **rentrer** | *to return* |
| **rester** | *to stay* |
| **revenir** | *to return, to come back* |
| **sortir** | *to go out* |
| **tomber** | *to fall* |
| **venir** | *to come* |

When these verbs are used in the passé composé, the past participle agrees in gender and number with the subject. Take a look at the following examples:

| | |
|---|---|
| Nous **sommes allés** au cinéma. | *We **went** to the movies.* |
| Elle **est née** en France. | *She **was born** in France.* |

Il **est tombé** sur la glace.
Ils **sont arrivés** d'Allemagne.

*He **fell** on the ice.*
*They **arrived** from Germany.*

**Mettre les verbes entre parenthèses au passé composé.**

1. Elle (partir) à midi pour l'aéroport de Roissy.

   _____

2. Le petit frère de Laura (naître) dimanche dernier.

   _____

3. Le train (arriver) à minuit en raison des grèves contre la réforme des retraites.

   _____

4. Quoi? Vous (aller) quatre fois au cinéma en une semaine!

   _____

5. Tu (rentrer) très tard hier soir!

   _____

6. Arnaud (passer) par la boulangerie pour acheter une baguette.

   _____

7. Je (aller) en France il y a deux ans.

   _____

8. — Zoé, vous (descendre) par l'ascenseur? — Non, je (monter) par l'escalier.

   _____

9. Quand Valentin (revenir) de Chine?

   _____

10. Nous (tomber) sur Marion Cotillard à l'Opéra.

    _____

# The passé composé with pronominal verbs

Pronominal verbs are verbs that are preceded in the infinitive and in conjugated forms by the pronouns **me, te, se, nous, vous, se**. There are four kinds of pronominal verbs: the reflexive, the reciprocal, the passive, and the subjective. The action of a *reflexive* verb is, for the most part, reflected back on the subject, the action being done to oneself. These may be *reflexive*, as in the following examples:

Je **me lève** à huit heures le matin.　　*I **get up** at eight o'clock in the morning.*
Je **me suis levé** à huit heures hier.　　*I **got up** at eight o'clock yesterday.*

In the negative, the negation is always placed around the auxiliary verb **être**:

Elle ne **s'est** pas **couchée** tard.　　*She **did** not **go to bed** late.*
Ils ne **se sont** pas **amusés** au théâtre.　　*They **did** not **enjoy** themselves at the theater.*

In the interrogative form, the reflexive pronoun is placed before **être**:

**S'est-il réveillé** tard?　　*Did he **get up** late?*
Vous **êtes-vous promenés en** ville?　　*Did you **walk** in town?*

The past participle does not agree when the reflexive verb is followed by a direct object or by another verb.

Elle **s'est coupé** les cheveux.　　*She **cut** her hair **herself**.*
Elle **s'est fait arracher** une dent
　de sagesse.　　*She **had** a wisdom tooth **pulled**.*

EXERCICE
**1·5**

**Mettre les verbes entre parenthèses au passé composé.**

1. Je (se casser) le bras en faisant une randonnée en Ardèche.

_____

2. Nathan (se brûler) grièvement avec le fer à repasser.

_____

3. Nous (s'inquiéter) car la marée noire (toucher) le littoral.

_____

4. Valentine (s'occuper) de toute la partie budgétaire du dossier.

_____

5. Vous (s'amuser) bien à Londres?

_____

6. Tu (s'ennuyer) en voyant cette comédie? C'était pourtant drôle!

_____

7. Je (ne pas se promener) tout l'après-midi sur la plage, mais dans la forêt.

_____

8. Louis (se préparer) pendant des semaines pour les Jeux Olympiques.

_____

9. Mon réveil ne pas (sonner) ce matin, et je (s'habiller) en vitesse.

_____

10. Tom (se réveiller) au milieu de la nuit à cause d'un cauchemar.

_____

The second type of pronominal verb is called *reciprocal*. This type of verb describes an action two or more people perform with or for each other. Since two or more people are involved, reciprocal verbs can be used only in the plural (with **se, nous, vous**). Take a look at the following examples:

| | |
|---|---|
| Elles **se sont** très bien **entendues**. | *They **got along** with each other very well.* |
| Nous **nous sommes rencontrés** à Paris. | *We **met** in Paris.* |

When the reflexive pronoun in a pronominal verb is a direct object, the past participle agrees with it:

| | |
|---|---|
| Ils **se sont détestés**. | *They **hated** each other.* |
| Ils **se sont quittés**. | *They **parted**.* |

When the reflexive pronoun in a pronominal verb is an indirect object, the past participle does not agree with it:

| | |
|---|---|
| Nous **nous sommes dit** bonjour. | *We **said** hello.* |
| Ils **se sont parlé** au bureau. | *They **talked** to each other at the office.* |

The past participle does not agree with the subject of the pronominal verb when the verb is followed by a direct object:

| Elles **se sont serré** la main. | *They **shook** hands.* |

A third type of pronominal verb is *passive*. With this type of verb, the subject is not a person or an animal. The subject does not perform the action of the verb but rather is subjected to it. Passive pronominal verbs use only the third-person singular form, with **se**. Take a look at the following examples:

| Comment ça **se chantait** dans les années 1920? | *How **was** it **sung** in the '20s?* |
| Ça ne **se fait** pas. | *This **is** not **to be done**.* |

The last type of pronominal verb is called *subjective*. These verbs are neither reflexive nor reciprocal. For idiomatic or historical reasons, they just happen to use the pronominal forms, so it is a good idea to memorize them. Here is a list of some commonly used subjective verbs in the infinitive and in the first-person singular of the **passé composé**:

| s'apercevoir | *to realize* | je me suis aperçu(e) | *I realized* |
| s'écrouler | *to collapse* | je me suis écroulé(e) | *I collapsed* |
| s'emparer | *to seize* | je me suis emparé(e) | *I seized* |
| s'en aller | *to leave* | je m'en suis allé(e) | *I left* |
| s'enfuir | *to run away* | je me suis enfui(e) | *I ran away* |
| s'envoler | *to vanish* | je me suis envolé(e) | *I vanished* |
| s'évanouir | *to faint* | je me suis évanoui(e) | *I fainted* |
| se moquer | *to make fun* | je me suis moqué(e) | *I made fun* |
| se souvenir | *to remember* | je me suis souvenu(e) | *I remembered* |

EXERCICE
1·6

**Mettre les verbes entre parenthèses au passé composé.**

1. Il (s'apercevoir) en arrivant au bureau qu'il avait oublié ses clés à la maison.

_____

2. Ton livre (se vendre) bien au Salon du Livre. Il a fait un tabac!

_____

3. Émilie et Clément (se voir) ce matin au concours hippique.

_____

4. Nous (se moquer) de son déguisement de clown.

_____

5. Zoé et Jules (se rencontrer) à une conférence sur le développement durable.

_____

6. Mon canari (s'envoler), parce que la porte de la cage était restée ouverte.

_____

7. Julien et Axelle (s'écrire) régulièrement pendant qu'elle était au Sénégal.

_____

8. Je (se faire) arracher deux dents de sagesse.

_____

9. Iris (se souvenir) de son nom en le voyant.

_____

10. Ce style de robe (ne plus se faire) pendant dix ans, puis il (redevenir) à la mode.

_____

11. Éva et Hugo (s'embrasser) pour la première fois devant la Sorbonne.

_____

12. Gaspard (s'exclamer) d'admiration devant le tableau de Picasso.

_____

13. Ses cris (se faire) entendre dans tout l'immeuble. Des souris!

_____

14. Mathieu et Camille (se marier) à Tahiti.

_____

15. Nous (se dépêcher) pour avoir notre train, mais nous le (rater).

_____

16. Elles (se téléphoner) pour critiquer le casting du film.

_____

17. Luc, vous (s'évanouir) en raison des fortes chaleurs?

_____

18. Sa maladie (se déclarer) en début d'année.

_____

19. Je (se disputer) avec ma sœur, mais nous (se réconcilier) rapidement.

_____

20. Après la dispute Raphaël (s'éclipser) sans un mot.

_____

# Verbs conjugated with avoir or être

Some verbs are two-faced—they can be conjugated with **avoir** or **être** in the **passé composé**! These include six on the list you have just memorized: **sortir**, **rentrer**, **monter**, **descendre**, **passer**, and **retourner**. This change in auxiliary verb occurs when a direct object follows the verb. When conjugated with **avoir**, they follow the **avoir** agreement. Note that the meaning of the verb may change depending on whether **avoir** or **être** is used. Take a look at the following examples:

| | |
|---|---|
| Elle **est montée** en haut de la Tour Eiffel. | She **went to the top** of the Eiffel Tower. |
| Elle **a monté** les valises au grenier. | She **took** the suitcases **up** to the attic. |

Note here that **les valises** is the direct object, so **avoir** is used.

| | |
|---|---|
| Elles **sont descendues** à la cave. | They **went down** to the cellar. |
| Elles **ont descendu** les bouteilles. | They **took down** the bottles. |
| Elle **est sortie** avec ses tantes. | She **went out** with her aunts. |
| Elle **a sorti** le gigot du four. | She **took** the leg of lamb **out** of the oven. |
| Elle **est rentrée** de Corse dimanche. | She **came back** from Corsica on Sunday. |
| Elle **a rentré** les roses sous la véranda. | She **brought** the roses **into** the veranda. |
| Elles **sont passées** devant le Louvre. | They **passed by** the Louvre. |
| Elles **ont passé** un mois à Nice. | They **spent** one month in Nice. |
| Je **suis retournée** à Bali. | I **went back** to Bali. |
| J'**ai retourné** la crêpe. | I **turned over** the pancake. |

**Mettre les verbes entre parenthèses au passé composé.**

1. Je (retourner) l'omelette dans la poêle.

   _____

2. Nous (rentrer) plus tôt que prévu.

   _____

3. Samira (sortir) la tarte du congélateur.

   _____

4. Vous (passer) chez le fleuriste?

   _____

5. Tanguy et Sylvia (descendre) dans la rue pour manifester.

   _____

6. Je (monter) les blancs en neige à la main.

   _____

7. Il y a beaucoup de vent. Tu (rentrer) le linge du jardin?

   _____

8. Côme (passer) tout l'après-midi à lire sur son iPad.

   _____

9. Nous (retourner) voir le banquier pour obtenir un meilleur crédit immobilier.

   _____

10. Le logiciel de traduction (sortir) avant la date annoncée.

   _____

**Traduire en utilisant le passé composé et *vous* si nécessaire.**

1. Héloïse and Ralph phoned each other often.

   _____

2. Diego immigrated to Germany when he was five years old.

   _____

3. The CEOs traded confidential information.

   _____

4. We went to Strasbourg to see the Christmas market.

   _____

5. Hadrien's mood has changed since the accident.

   _____

6. The houses collapsed because of the earthquake.

   _____

7. I brushed my teeth before going to bed.

   _____

8. Sofia walked her dog.

   _____

9. You have sworn to protect her anonymity.

   _____

10. Did Fleur stay at the UN conference?

    _____

**Identifier les verbes au passé composé dans l'extrait d'un entretien avec Aliette Armel au sujet de son livre *Le disparu de Salonique* publié aux éditions *Le Passage*.**

Tout comme la mère du personnage principal, j'ai plongé la main dans une armoire, et j'ai trouvé les photos... Je vidais avec mon père sa maison bretonne avant qu'elle ne soit vendue, et j'ai découvert au fond d'un meuble les photographies prises par mon grand-père pendant la campagne de Salonique, durant la Première Guerre Mondiale. Il les avait données à ma mère, mais tout le monde en avait oublié l'existence. Elles ont ressurgi après avoir disparu, exactement comme dans le livre. Elles n'étaient accompagnées d'aucun écrit. Il y avait uniquement l'indication au crayon des noms de lieux, derrière les images. J'ai donc pu reconstituer le trajet lors d'un séjour en Macédoine. J'ai très bien connu mon grand-père, mais il ne parlait jamais de cette période de sa vie. On savait seulement qu'il avait fait cette guerre à Salonique : ce n'était pas un secret de famille. Mais il n'en disait pas plus. Il m'a donc fallu imaginer toute l'histoire : de nombreux faits dans ce roman sont complètement inventés. Je me suis notamment appuyée sur les récits d'autres soldats qui se sont retrouvés dans ces mêmes lieux. Et les photos laissées par mon grand-père parlaient d'elles-mêmes. Pour la partie bretonne du livre, je me suis essentiellement inspirée de souvenirs de famille. En revanche, ce qui s'est avéré très compliqué, ça a été non seulement de me mettre dans la peau de ce grand-père que j'avais vraiment connu, mais aussi de m'autoriser à en faire un personnage à part entière. Il m'a fallu acquérir une vraie liberté pour placer le personnage dans des situations que mon grand-père n'avait pas connues, pour le faire agir comme je pense qu'il n'aurait pas forcément agi... bref, pour en faire un vrai personnage.

—Propos recueillis par Anne-Louise de Rohan et Charles Dupire, le 19 mars 2005 à la librairie Tropique. Avec l'aimable permission de www .lelitteraire.com. http://www.lelitteraire.com/ article1608.html.

# Those were the days

## The imparfait

The **imparfait** (imperfect) is one of the most difficult tenses to master in French. When students are first introduced to this tense, they are told that the **imparfait** is used to describe continuous or habitual past actions, in contrast to the **passé composé**, which is used to talk about an action that took place on a specific occasion in the past. This is true, but it is far from being the entire story. The **imparfait** is far more complex, for it may also be used to describe a state of mind and being in the past, as well as an action. Before we begin our exploration of the **imparfait**, let's first review how it is formed.

The **imparfait** of a verb is formed by taking the third-person plural **nous** form of the present tense and removing the -**ons** ending, which gives you the stem. Then add the **imparfait** endings (-**ais**, -**ais**, -**ait**, -**ions**, -**iez**, -**aient**) to this stem. For example:

**donner** (to *give*)
**nous donnons** → **donn-**

| | | | |
|---|---|---|---|
| **je donnais** | *I gave* | **nous donnions** | *we gave* |
| **tu donnais** | *you gave* | **vous donniez** | *you gave* |
| **il/elle donnait** | *he/she gave* | **ils/elles donnaient** | *they gave* |

When spoken, the -**ais**, -**ait**, -**aient** endings are pronounced alike.

| | |
|---|---|
| Ils **donnaient** toujours des réceptions au bord de l'eau. | *They always **gave** receptions by the water.* |
| Autrefois, ils **donnaient** des récompenses. | *In the past, they **used to give** rewards.* |

Verbs requiring a change in spelling in the present tense **nous** form, such as **partager, prononcer**, retain those spelling changes in the je, tu, elle, ils, and **elles** forms. In this case an **e** is added except for **nous** and **vous**. The **e** is added to reflect the pronunciation. Otherwise, if we took the **e** out and wrote **je partagais** (rather than the correct **je partageais**), the **g** would turn into the initial sound of a word like **gosse** (*kid*), which is incorrect. The **nous** and **vous** forms already have a vowel, **i**, to soften the **g**, so there is no need for the **e**.

| partager (to share) | | | |
|---|---|---|---|
| je partageais | *I shared* | nous partagions | *we shared* |
| tu partageais | *you shared* | vous partagiez | *you shared* |
| il/elle partageait | *he/she shared* | ils/elles partageaient | *they shared* |

| protéger (to protect) | | | |
|---|---|---|---|
| je protégeais | *I protected* | nous protégions | *we protected* |
| tu protégeais | *you protected* | vous protégiez | *you protected* |
| il/elle protégeait | *he/she protected* | ils/elles protégeaient | *they protected* |

The cedilla under the **c** (**ç**) is used to soften the sound before the vowels **a**, **o**, and **u**. With **e** and **i**, the sound is soft so a cedilla is not necessary: **ce cinéma** (*this movie theater*).

| prononcer (to pronounce) | | | |
|---|---|---|---|
| je prononçais | *I pronounced* | nous prononcions | *we pronounced* |
| tu prononçais | *you pronounced* | vous prononciez | *you pronounced* |
| il/elle prononçait | *he/she pronounced* | ils/elles prononçaient | *they pronounced* |

| financer (to finance) | | | |
|---|---|---|---|
| je finançais | *I financed* | nous financions | *we financed* |
| tu finançais | *you financed* | vous financiez | *you financed* |
| il/elle finançait | *he/she financed* | ils/elles finançaient | *they financed* |

| Elle ne **partageait** jamais ses jouets. | *She never **shared** her toys.* |
|---|---|
| Ils **voyageaient** beaucoup. | *They **traveled** a lot.* |
| Ils **influençaient** toujours l'opinion. | *They always **influenced** the opinion.* |
| Il ne **laçait** jamais ses baskets. | *He never **tied** his sneakers.* |

EXERCICE
2·1

**Conjuguer les verbes entre parenthèses à l'imparfait.**

1. Ils (prendre) leur petit-déjeuner sous un parasol.

_____

2. Sabine (négocier) son contrat de travail. Ça n'avait pas l'air facile!

_____

3. Je (en vouloir) à Jonathan pour ses soupçons infondés.

_____

4. Nous (créer) toujours nos propres sites web.

_____

5. Avant l'arrivée de M. Kayat, le patron (harceler) sans cesse les journalistes.

_____

6. La star (annuler) toujours ses spectacles à la dernière minute.

_____

7. Sixtine (ne pas prêter) attention aux rumeurs.

_____

8. Quand vous (travailler) à la Fnac, vous (s'identifier) à vos clients?

_____

9. Je (attendre) avec impatience la nouvelle console de jeux vidéos.

_____

10. Tu (évoquer) parfois tes souvenirs d'enfance.

_____

**Conjuguer les verbes entre parenthèses à l'imparfait.**

1. Mathieu (effacer) le tableau tous les matins.

_____

2. Cette association (héberger) des sans-abri tous les hivers.

_____

3. Églantine (vouloir) avoir une chèvre.

_____

4. Ces actionnaires (exiger) des résultats rapides.

_____

5. Vous (nager) tous les jours?

_____

6. Régulièrement, le gouvernement (menacer) de privatiser le service.

_____

7. Victor (changer) d'avis toutes les cinq minutes.

_____

8. Je (commencer) toujours plusieurs livres en même temps.

_____

9. Nous (voyager) parfois en première classe.

_____

10. À chaque répétition, le chorégraphe (placer) les danseurs sur la scène.

_____

11. Tu (corriger) parfois des copies dans le train.

_____

12. Systématiquement, Alice (remplacer) les fleurs fanées dans l'hôtel.

_____

13. Mira et Sophie (ranger) tous les claviers et les souris. C'était leur mission!

_____

14. L'architecte (déplacer) souvent les cloisons pour agrandir l'espace.

_____

15. Joséphine et Cyprien (partager) religieusement leurs recettes de tartes salées.

_____

16. Chaque année, nous (financer) la construction d'une nouvelle éolienne.

_____

17. Ces succès te (venger) parfois de tes échecs.

_____

18. Les ouvriers (devoir) percer une centaine de fenêtres en trois jours.

_____

19. Je (encourager) sans cesse mon frère à passer des concours.

_____

20. Ce genre de sondage (influencer) les électeurs. Moins maintenant.

_____

Let's conjugate the verbs **être** and **avoir**:

**avoir** (to have)

| | | | |
|---|---|---|---|
| **j'avais** | _I had_ | **nous avions** | _we had_ |
| **tu avais** | _you had_ | **vous aviez** | _you had_ |
| **il/elle avait** | _he/she had_ | **ils/elles avaient** | _they had_ |

**être** (to be)

| | | | |
|---|---|---|---|
| **j'étais** | _I was_ | **nous étions** | _we were_ |
| **tu étais** | _you were_ | **vous étiez** | _you were_ |
| **il/elle était** | _he/she was_ | **ils/elles étaient** | _they were_ |

Note that the verb **être** has an irregular stem in the **imparfait**.

| | |
|---|---|
| Il **avait** très faim. | He **was** very hungry. |
| Il n'**avait** pas d'imagination. | He **had** no imagination. |
| Nous **étions** très proches. | We **were** very close. |
| **Étiez**-vous chez eux? | Were you at their place? |

EXERCICE
**2·3**

**Conjuguer les verbes entre parenthèses à l'imparfait.**

1. Gustave (être) déjà au lit quand on sonna à la porte.

_____

2. Je (être) là à la naissance de son fils Christophe.

_____

3. Colombe (être) rebelle à l'adolescence.

_____

4. Vous (avoir) une belle collection de nains de jardin!

_____

5. Malheureusement, de plus en plus de personnes (être) à la rue.

_____

6. Tu (avoir) souvent des idées farfelues comme élever des escargots.

_____

7. Je (être) à bout de nerfs après seulement deux heures avec elle!

_____

8. Elles (avoir) confiance en vous et vous les avez trahies!

_____

9. Ce concert (ne pas être) génial. Je regrette d'être venu!

_____

10. Aimé (avoir) la main lourde avec le chocolat. Il (être) très gourmand!

_____

What is difficult with the **imparfait** is that it may be the equivalent of several different tenses in English—it all depends on the context. As we go along, we'll be able to grasp the nuances.

| Elle lisait. | She *was reading*. |
| | She *used to read*. |
| | She *read*. |

# Using the imparfait to describe background and thoughts

Let's look at the some of the different ways in which the **imparfait** is used. It is used for background and description. For instance, it can describe a past situation, a frame of mind, or a state of being. Take a look at the following examples:

| Il **neigeait**. | *It **was snowing**.* |
| Il **faisait** froid. | *It **was cold**.* |
| Ils ne **pensaient** pas aux conséquences. | *They did not **think** about the consequences.* |
| Le château **était** magnifique. | *The castle **was** magnificent.* |

**Conjuguer les verbes à l'imparfait.**

1. Tout le centre-ville (être) embouteillé.

_____

2. Je (admirer) le château de Chambord.

_____

3. Les manifestants (défiler) dans le calme.

_____

4. Le paysage (être) paradisiaque.

_____

5. La nuit (commencer) à tomber.

_____

6. Leila (restaurer) un tableau de Delacroix.

_____

7. Il (pleuvoir) des cordes.

_____

8. Nous (circuler) à vélo en été.

_____

9. L'orage (gronder) dans le lointain.

_____

10. Vous (mélanger) les œufs et la farine.

_____

# Common verbs used in the imparfait

Verbs that express a mental or physical state of being tend to be used more often in the **imparfait** than in the **passé composé**. These verbs include **être** (*to be*), **avoir** (*to have*), **penser** (*to think*), **croire** (*to believe*), **savoir** (*to know*), **espérer** (*to hope*), **sembler** (*to seem*), **paraître** (*to appear*). However, when these same verbs are used in the **passé composé**, they may take on a different meaning. Take a look at the following examples:

| | |
|---|---|
| Je **savais** qu'il **mentait**. | *I **knew** he **was lying**.* |
| J'**ai su** immédiatement qu'il **disait** la vérité. | *I **realized** immediately that he **was telling** the truth.* |
| Elle **semblait** heureuse et soudain elle **a semblé** accablée de chagrin. | *She **looked** happy, and suddenly she **seemed** overwhelmed with grief.* |

---

**EXERCICE**

**2·5**

**Mettre les verbes entre parenthèses au passé composé ou à l'imparfait.**

1. Cédric (avoir) soif.

2. Elle (sembler) calme, et tout à coup, elle (s'emporter) contre lui.

3. Tu (savoir) qu'ils échoueraient, mais tu n'as rien dit. Pourquoi?

4. En théorie, cela (paraître) très facile.

5. Elles (ne plus espérer) rencontrer le DJ, quand il finalement (arriver).

6. Nous (être) pessimistes sur ses chances de survie.

7. Je (croire) qu'il serait récompensé.

8. Delphine (boire) du vin, quand soudain elle (se mettre) à tousser.

_____

9. Après un tel choc, vous (paraître) épuisé.

_____

10. — Pourquoi tu (ne pas arrêter) la machine? — Désolé, je (ne pas y penser).

_____

# Using the imparfait to express habitual, repetitive action

The **imparfait** is also used for habitual, repetitive action. It describes past events that were repeated in the past. The English *used to* and *would* are translated into French using the **imparfait**. Take a look at the following examples:

| | |
|---|---|
| Elle **faisait partie** de notre cercle littéraire. | *She **used to belong** to our book club.* |
| Elles **voyageaient** en Inde chaque hiver. | *They **used to go** to India every winter.* |
| Il **dînait** chez nous régulièrement. | *He **used to have dinner** with us regularly.* |

There are some expressions of time or repetition that indicate that the **imparfait** is to be used:

| | |
|---|---|
| **souvent** | *often* |
| **fréquemment** | *frequently* |
| **toujours** | *always* |
| **le mardi** | *on Tuesdays* |
| **le vendredi** | *on Fridays* |
| **chaque jour** | *every day* |
| **tous les jours** | *every day* |
| **chaque semaine** | *every week* |
| **chaque mois** | *every month* |
| **chaque année** | *every year* |
| **d'ordinaire** | *ordinarily* |
| **d'habitude** | *usually* |
| **habituellement** | *usually* |
| **régulièrement** | *regularly* |

| comme à l'accoutumée | as usual |
| autrefois | formerly |
| jadis | in times past |

**Mettre les verbes entre parenthèses à l'imparfait.**

1. Je (monter) à cheval régulièrement.

_____

2. Vous (aller) souvent aux ventes aux enchères?

_____

3. Autrefois, l'essence (coûter) moins cher.

_____

4. Elle le (voir) tous les dimanches.

_____

5. Quand tu (être) petit, tu (avoir) un beau chat appelé LÉO et une tortue nommée Ophélie.

_____

6. Le lundi, il (flâner) dans le Marais.

_____

7. Quand on a fait construire notre maison, les panneaux solaires (ne pas exister).

_____

8. Je (égarer) des objets à chaque déménagement.

_____

9. Quand Domitille (être) en Italie, elle (manger) un gelato à la pistache tous les soirs.

_____

10. À cette époque, nous (habiter) Lyon.

_____

# Using the imparfait to make a suggestion

The **imparfait** is used with a **si** + **on** construction to make a suggestion or to invite someone to do something. The informal **on** refers to two or more people and is conjugated as the third-person singular. Take a look at the following examples:

| | |
|---|---|
| Si on **allait** au théâtre ce soir? | *What about **going** to the theater tonight?* |
| Si on **mangeait** au restaurant chinois? | *What about **eating** at the Chinese restaurant?* |
| Si on **achetait** une voiture? | *What about **buying** a car?* |
| Si on **vendait** la maison? | *What about **selling** the house?* |

**EXERCICE**

**2·7**

**Mettre les verbes entre parenthèses à l'imparfait.**

1. Si on (adopter) un dalmatien?

_____

2. Si on (offrir) une tablette numérique à ta filleule?

_____

3. Si on (partir) pour l'Australie?

_____

4. Si on (ouvrir) un cybercafé dans le treizième arrondissement?

_____

5. Si on (prendre) le métro automatique pour aller à la Bibliothèque Mitterrand?

_____

6. Si on (consulter) un acupuncteur?

_____

7. Si on (jouer) du piano?

_____

8. Si on (bavarder) pour passer le temps?

_____

9. Si on (se tutoyer)?

_____

10. Si on (rendre) hommage à Victor Schœlcher en allant au Panthéon?

_____

# Using the imparfait to express a wish or regret

The **imparfait** preceded by **si seulement** may be used to express a wish or a regret. Take a look at the following examples:

| | |
|---|---|
| Si seulement tu **habitais** plus près! | *If only you **lived** closer!* |
| Si seulement ils **pouvaient** venir! | *If only they **could** come!* |
| Si seulement j'**étais** riche! | *If only I **were** rich!* |
| Si seulement elle **savait**! | *If only she **knew**!* |

# Using the imparfait with the immediate past

The **imparfait** can also be used with the immediate past. As a quick review, the immediate past is formed with the verb **venir** + **de** + infinitive. Take a look at the following examples:

| | |
|---|---|
| Il **vient d'**arriver | *He **just arrived**.* |
| Nous **venons de** déménager. | *We **just moved**.* |

The immediate past can also be used in the **imparfait** to describe an action that *had just happened.*

| | |
|---|---|
| Elle **venait de** partir quand il **a commencé** à neiger. | *She **had just** left when it **began** to snow.* |
| Il **venait de** commencer quand elle l'**a interrompu.** | *He **had just** started when she **interrupted** him.* |
| Ils **venaient d'**accepter notre invitation quand une autre **est arrivée.** | *They **had just** accepted our invitation when another one **arrived.*** |

**Mettre les verbes entre parenthèses au passé immédiat.**

1. Nous (venir) tout juste de rentrer de vacances.

   _____

2. Maria (venir) de se marier quand je l'ai rencontrée.

   _____

3. Je (venir) de lui parler quand tu as appelé.

   _____

4. Il (venir) de finir de mettre la table quand nous sommes arrivés.

   _____

5. Tu (venir) de louer un petit appartement quand ton cousin t'a donné un de ses labradors chocolat.

   _____

6. L'ascenseur (venir) d'atteindre le sixième étage quand l'incident s'est produit.

   _____

7. Achille (venir) de sortir de l'hôpital quand il s'est cassé le bras.

   _____

8. Ils (venir) d'acheter un très grand nombre d'actions quand le marché s'est effondré.

   _____

9. Tu (venir) d'installer un nouveau logiciel quand ton ordinateur a planté.

   _____

10. Je (venir) d'acheter une dizaine de livres quand on m'a offert un ebook.

   _____

**Traduire en utilisant *vous* si nécessaire.**

1. If only we had more time!

   _____

2. I had just bought a new oven when it broke down.

   _____

3. If only she stopped crying!

   _____

4. Paul had just begun to dig when he found an amphora.

   _____

5. If only it were sunny!

   _____

6. She had just been laid off when she was offered a better position.

   _____

7. If only he had the qualifications they want!

   _____

8. He had just become CEO when the firm went bankrupt.

   _____

9. If only you were a better cook!

   _____

10. You had just finished painting the shutters when it started raining.

    _____

**Identifier *seulement* les verbes à l'imparfait dans l'extrait de *Madame Chrysanthème* de Pierre Loti (1887) qui fut l'inspiration de *Madame Butterfly*.**

Et à mesure que la nuit descendait, confondant les choses dans de l'obscurité bleuâtre, ce Japon où nous étions, redevenait peu à peu, un pays d'enchantements et de féerie. Les grandes montagnes, toutes noires à présent, se dédoublaient par la base dans l'eau immobile qui nous portait, se reflétaient avec leurs découpures renversées, donnant l'illusion de précipices effroyables au-dessus desquels nous aurions été suspendus; et les étoiles, renversées aussi, faisaient dans le fond du gouffre imaginaire comme un semis de petites taches de phosphore.

Puis tout ce Nagasaki s'illuminait à profusion, se couvrait de lanternes à l'infini; le moindre faubourg s'éclairait, le moindre village; la plus infime cabane, qui était juchée là-haut dans les arbres et que, dans le jour, on n'avait même pas vue, jetait sa petite lueur de ver luisant. Bientôt il y en eut, des lumières, il y en eut partout; de tous les côtés de la baie, du haut en bas des montagnes, des myriades de feux brillaient dans le noir, donnant l'impression d'une capitale immense, étagée autour de nous en un vertigineux amphithéâtre. Et en dessous, tant l'eau était tranquille, une autre ville, aussi illuminée, descendait au fond de l'abîme. La nuit était tiède, pure, délicieuse; l'air rempli d'une odeur de fleurs que les montagnes nous envoyaient. Des sons de guitares, venant des « maisons de thé » ou des mauvais lieux nocturnes, semblaient, dans l'éloignement, être des musiques suaves. Et ce chant des cigales, qui est au Japon un des bruits éternels de la vie, auquel nous ne devions plus prendre garde quelques jours plus tard tant il est ici le fond même de tous les bruits terrestres, — on l'entendait, sonore, incessant, doucement monotone comme la chute d'une cascade de cristal...

_____

_____

_____

_____

_____

The French and the English editions of **Madame Chrysanthème** can be found free online.

# The **imparfait** with a sarcastic, condescending attitude and with a toning-down value . . .

You may hear in a store, more likely Monoprix than Hermès, a salesperson talk directly to a customer, perhaps an elderly woman, using the **imparfait** in informal conversation. This peculiar type of colloquial French may reflect a certain good-natured condescension:

| | |
|---|---|
| — Qu'est-ce qu'il lui **fallait**, à la petite dame? | *Now what **does** the little lady **need**?* |
| — Je **voulais** un chapeau de paille. | *I **wanted** a straw hat.* |
| — Vous **cherchiez** quelque chose? | *You're **looking** for something?* |
| — Une paire de gants en cuir. | *A pair of leather gloves.* |

In a café, where dogs are allowed, a man may start a conversation with a dog or the owner of the dog in a similar relaxed manner, using the **imparfait** incorrectly, even adding other grammatical transgressions, in order to maintain a curious blend of sarcasm and humor:

| | |
|---|---|
| — Oh, l'**était** beau, le petit chienchien à la petite dame! | *Oh, the little lady has a lap dog that is just too cute for words!* |
| — Oh, il **avait** une très grosse faim, le chienchien! | *Oh, you'd say little pooch could eat a horse!* |
| — Oh, l'**était** beau le gros matou, à la mademoiselle! | *Oh, Miss, what a handsome big boy, your kitty cat!* |
| — Oh, le gros matou, l'**aimait** son lait-lait! | *Oh, look how that big tom is lapping up his milk like a baby.* |

The **imparfait** comes in handy in political satire, often in headlines. Here are two examples:

**Et quand François rencontrait George** was the headline of *Liberation*. Usually when you meet someone for the first time, you use the **passé composé**. This headline refers to an incident when François Mitterrand, the French president of France at the time, visited President George Bush, Sr., in his Kennebunkport residence in Maine. Two men with two different vacation concepts. Among the glitches, François Mitterrand, who was an experienced hiker, refused to board the cigarette boat and decided to take long walks. The **imparfait** here is almost like a fairy tale: Once upon a time . . . It also means that would be François Mitterrand's first and last visit to Maine. The **imparfait** highlighted the tension between the two men in the most satirical way. Just one tense will do it!

One of the *Nouvel Observateur*'s headlines in the fall of 2010 was: **Quand Royal promettait un dispositif collectif.** Ségolène Royal, the Socialist candidate in 2007, had first given the impression she would sacrifice her candidacy to make sure the Socialist party would win the 2012 elections. However, the **imparfait** here implies that it's only a tall story and not to be believed—again, like a tale.

The **imparfait** can also be used for historical events to give them a picturesque and humoristic tone: **Et Napoléon partait pour Saint-Hélène.** The **passé simple** would have been more accurate, but the **imparfait** gives a certain substance to the event as Napoléon, after the Waterloo debacle, was exiled by the British on St. Helena Island in the middle of the Atlantic Ocean. It also gives a sense of drama, and we know it won't be a happy ending, as he would die on the island six years later in 1821.

The **imparfait** can tone down a statement, which comes in handy when you want to use diplomacy or make a statement or a request in a polite manner. The context is in the present even if the verb is in the **imparfait**.

| | |
|---|---|
| Je **voulais** vous demander un petit service. | I **want** to ask you a small favor. |
| J'**avais** encore quelque chose à vous demander. | I still **have** something to ask you. |
| Je **venais** voir si vous accordiez quelque intérêt à ma proposition. | I **am here** to see if you have any interest in my proposition. |
| Juliette, avant que tu ne me quittes pour toujours, je **voulais** te faire un aveu. | Juliette, before you leave me forever, I **wanted** to make a confession. |

This is a very pretty usage of the **imparfait**. The **imparfait de politesse** is to encourage good manners.

# All things must pass
## The **plus-que-parfait**

Life would not be complete with an **imparfait** without a **plus-que-parfait**. The **plus-que-parfait** is conjugated like its equivalent in English. The difference is that, in modern English, it tends to be omitted. This is not the case in French.

## The **plus-que-parfait**

The **plus-que-parfait**, or pluperfect, tense indicates a past action that occurred before another past action started. Think of it as a kind of "past" past tense, a tense that is *more* than the past, or perfect, tense, as the French term itself indicates, mirroring the Latin *plus quam perfectum*. The form of the **plus-que-parfait** uses the **imparfait** of the auxiliary verb, **avoir** or **être**, plus the past participle of the main verb. Before we look at the way in which the **plus-que-parfait** is used, let's first review the **imparfait** of **avoir** and **être**.

**avoir** (to have)

| | | | |
|---|---|---|---|
| **j'avais** | *I had* | **nous avions** | *we had* |
| **tu avais** | *you had* | **vous aviez** | *you had* |
| **il/elle avait** | *he/she had* | **ils/elles avaient** | *they had* |

**être** (to be)

| | | | |
|---|---|---|---|
| **j'étais** | *I was* | **nous étions** | *we were* |
| **tu étais** | *you were* | **vous étiez** | *you were* |
| **il/elle était** | *he/she was* | **ils/elles étaient** | *they were* |

| | |
|---|---|
| Elle **avait oublié** ses clés. | *She **had forgotten** her keys.* |
| Il **avait parcouru** la capitale toute la journée. | *He **had walked through** the capital all day.* |
| Nous **étions partis** sans prendre les billets. | *We **had left** without taking the tickets.* |

**Mettre les verbes au plus-que-parfait.**

1. Ils (dîner) au bord de la mer.

_____

2. Les enfants (ouvrir) leurs cadeaux en premier.

_____

3. Je (répondre) en la fusillant du regard.

_____

4. Thomas (finir) enfin de payer ses dettes.

_____

5. Tu (oublier) ta clé USB.

_____

6. Nous (expliquer) la stratégie à l'équipe.

_____

7. Vous (investir) dans ce nouveau système d'exploitation ?

_____

8. Thaïs (aller) plusieurs fois en ville malgré la neige.

_____

9. Le peintre (réussir) un autoportrait saisissant.

_____

10. Les grévistes (brûler) des poubelles.

_____

11. Laure lui (offrir) une maquette d'avion.

_____

12. Nous (ne pas croire) son témoignage.

_____

13. Il (partir) élever des escargots.

_____

14. Je le (prendre) en flagrant délit.

_____

15. Vous (peindre) tous les monuments historiques de la ville.

_____

16. Léon (découvrir) un plancher de mosaïque au sous-sol de la maison.

_____

17. Elle (ne pas arriver) à temps pour dire au revoir à son oncle et sa tante.

_____

18. Tu (obtenir) l'accord du maire pour le projet.

_____

19. Le meurtrier (avouer) son crime.

_____

20. Vous déjà (boire) un café aussi bon?

_____

In the **plus-que-parfait,** all pronominal verbs are conjugated with **être** and agree in gender and number with the subject. Remember the agreements you learned in Chapter 1. Take a look at the following examples:

| | |
|---|---|
| Elle **s'était évanouie** dans la paillote. | She **had fainted** in the straw hut. |
| Je **m'étais souvenu** de son visage, pas de son nom. | I **had remembered** his face, not his name. |
| Nous **nous étions rencontrés** au théâtre. | We **had met** at the theater. |
| Ils **s'étaient écrit** pendant des décennies. | They **had written** to each other for decades. |

**Mettre les verbes au plus-que-parfait.**

1. Elle (se promener) de longues heures dans le Jardin des Plantes.

   _____

2. Émile (s'ennuyer) pendant toute la durée du film.

   _____

3. Vous (s'évanouir) suite à une douleur aiguë.

   _____

4. Je (se réveiller) à cause de l'orage.

   _____

5. Nous (se marier) en été sous une chaleur accablante.

   _____

6. Max et Ioana (se rencontrer) dans une station balnéaire.

   _____

7. Tu (se moquer) de ma passion pour le jardinage.

   _____

8. Ségolène (s'offrir) une tablette numérique.

   _____

9. Il (ne pas se rendre) compte de son erreur.

   _____

10. Les associations de défense des droits de l'homme (s'inquiéter) de
    l'augmentation de la xénophobie.

   _____

11. Emmanuel et Noémie (s'écrire) pendant des années avant de se rencontrer.

   _____

12. Vous (s'arrêter) de travailler à cinquante ans.

   _____

13. Jérémie (se couper) en se rasant.

_____

14. Je (se rendre) compte de l'importance de la liberté d'expression.

_____

15. Elle (se demander) comment décrocher un poste dans ce laboratoire.

_____

16. Nous (se souvenir) des témoins présents lors de l'accident.

_____

17. Tu (s'asseoir) pour te reposer.

_____

18. Rose (se faire) mordre par le chien du voisin.

_____

19. Ils (se voir) quelques jours auparavant.

_____

20. La vieille dame (se plaindre) de la musique trop forte.

_____

# Using the plus-que-parfait

The **plus-que-parfait** indicates a past action that occurred before another past action started. This anteriority can be implied or stated. As a result, it is often combined with a dependent clause stating this anteriority. It can be used with other past tenses like the **passé composé**, the **passé simple**, and the **imparfait**.

| | |
|---|---|
| Il **avait rempli** tous les formulaires quand sa mère **est entrée**. | He **had filled** all the forms, when his mother **walked in**. |
| Il **avait fini** son discours lorsqu'un oiseau **entra** par la fenêtre. | He **had finished** his speech, when a bird **flew in** by the window. |

**Mettre les verbes au plus-que-parfait ou au passé composé en fonction du sens.**

1. Je (déposer) ma demande quand elle (décider) de déposer la sienne.

   _____

2. Lorsque nous (arriver) à l'aéroport, l'Airbus A380 déjà (décoller).

   _____

3. Puisqu'Augustin (oublier) de faire le plein d'essence, nous (tomber) en panne.

   _____

4. Quand Nora et ses enfants (arriver), les pompiers déjà (éteindre) l'incendie.

   _____

5. Aline et Simon (se rencontrer) dans le café que nous (découvrir) l'an passé.

   _____

6. Quand elle (quitter) l'Argentine, ses frères déjà (s'installer) en Norvège.

   _____

7. Il soudain (se rendre compte) qu'il (ne pas reconnaître) son grand-oncle.

   _____

8. Blanche (inviter) ses amis quand soudain Yves (décider) d'organiser une fête le même soir.

   _____

9. Il (refuser) d'aller à l'hôpital, alors ses blessures peu à peu (s'aggraver).

   _____

10. Comme les dirigeants (mentir) sur le budget, les employés (décider) de faire grève.

   _____

**Mettre les verbes au plus-que-parfait ou à l'imparfait en fonction du sens.**

1. Il (démissionner) parce que son travail (être) ennuyeux.

   _____

2. Vincent (mettre) un tel désordre dans sa chambre qu'il (ne plus rien retrouver).

   _____

3. Rachel (sembler) très déçue, parce que tu (oublier) la Saint-Valentin.

   _____

4. Mon frère (découvrir) le rock, et après ça, il (écouter) en boucle mes vinyles.

   _____

5. Jacob les (prendre sous son aile), mais ils (refuser) de travailler.

   _____

6. Quand il (finir) de déjeuner, il (sortir) toujours avec son chien.

   _____

7. Je (vouloir) assister à l'audience au tribunal de Nantes, mais elle déjà (commencer).

   _____

8. La police (intensifier) ses efforts de recherche, mais le meurtrier (rester) introuvable.

   _____

9. Vous (dénoncer) la dictature pendant des années, mais cela (demeurer) sans effet.

   _____

10. Le personnel (se retrouver) au chômage, car l'entreprise (faire) faillite.

   _____

**Mettre les verbes au plus-que-parfait ou au passé simple en fonction du sens.**

1. Elle (croire) que c'était Jean le coupable mais soudain elle (se rendre compte) de son erreur.

_____

2. Arnaud (vouloir) détourner le regard, malheureusement on l'obligea à regarder, et ce qu'il (voir) le terrifia.

_____

3. La dispute (être) si violente, ils (se sentir) soudain très mal à l'aise.

_____

4. Armelle toujours (avoir envie) d'un diamant, mais elle (se contenter) d'un saphir.

_____

5. Ils (croire) me convaincre de travailler pour eux, mais très vite je (choisir) d'aller chez leur concurrent.

_____

6. Joséphine (réfléchir) en vain, quand subitement une idée lui (traverser) l'esprit.

_____

7. Je (ne jamais rencontrer) Lucas, mais il me (plaire) au premier regard.

_____

8. Nous (éteindre) les ordinateurs, mais il (devoir) les rallumer pour installer le nouveau logiciel.

_____

9. La situation tellement (se détériorer) qu'il (décider) de rentrer en France.

_____

10. Le gouvernement (espérer) améliorer la cohésion sociale, mais les projets (échouer) les uns après les autres.

_____

# Using the **plus-que-parfait** to express a wish or regret

The **plus-que-parfait**, when used with **si seulement**, expresses a wish or regret about past events. Take a look at the following examples:

| | |
|---|---|
| Si seulement j'**avais écouté** votre conseil! | *If only I **had listened** to your advice!* |
| Si seulement il **était arrivé** plus tôt! | *If only he **had arrived** earlier!* |
| Si seulement elle **avait fermé** le robinet! | *If only she **had turned off** the faucet!* |

EXERCICE
3·6

**Mettre les verbes au plus-que-parfait.**

1. Si seulement on (pouvoir) obtenir des billets pour le Cirque du Soleil!

   _____

2. Si seulement ils (ne pas se trouver) sur les lieux du crime!

   _____

3. Si seulement il (ne pas y avoir) de malentendu!

   _____

4. Si seulement nous (ne pas rater) le début de *Les Bonnes* de Genet à la Comédie-Française!

   _____

5. Si seulement *Le Grand Canal* de Turner (être) mieux surveillé!

   _____

6. Si seulement tu nous (donner) ton feu vert!

   _____

7. Si seulement le tsunami (être détecté) à temps!

   _____

8. Si seulement vous (défendre) la parité entre les hommes et les femmes!

   _____

9. Si seulement elle (porter) plainte après le cambriolage!

---

10. Si seulement il (se forger) un esprit plus critique!

---

**Traduire les phrases suivantes en utilisant _tu_ si nécessaire.**

1. Margot had already eaten when I came home.

---

2. You had misunderstood my intentions.

---

3. He was disappointed because I had forgotten his birthday gift.

---

4. If only she had sung in tune!

---

5. I had not been able to call them, because my phone did not work.

---

6. David had remembered her words for years.

---

7. She had written many articles on China, but she never had been there.

---

8. He had not realized his tie was stained with tomato sauce.

---

9. I wondered how you had paid your debts.

_____

10. Pauline had bet a bottle of champagne, and she won.

_____

### Identifier les verbes à l'imparfait, au passé immédiat et au plus-que-parfait.

Ce matin-là, les Grégoire s'étaient levés à huit heures. D'habitude, ils ne bougeaient guère qu'une heure plus tard, dormant beaucoup, avec passion; mais la tempête de la nuit les avait énervés. Et, pendant que son mari était allé voir tout de suite si le vent n'avait pas fait de dégâts, Mme Grégoire venait de descendre à la cuisine, en pantoufles et en peignoir de flanelle. Courte, grasse, âgée déjà de cinquante-huit ans, elle gardait une grosse figure poupine et étonnée, sous la blancheur éclatante de ses cheveux.

— Mélanie, dit-elle à la cuisinière, si vous faisiez la brioche ce matin, puisque la pâte est prête. Mademoiselle ne se lèvera pas avant une demi-heure, et elle en mangerait avec son chocolat... Hein! ce serait une surprise.

La cuisinière, vieille femme maigre qui les servait depuis trente ans, se mit à rire.

— Ça, c'est vrai, la surprise serait fameuse... Mon fourneau est allumé, le four doit être chaud; et puis, Honorine va m'aider un peu.

Honorine, une fille d'une vingtaine d'années, recueillie enfant et élevée à la maison, servait maintenant de femme de chambre. Pour tout personnel, outre ces deux femmes, il n'y avait que le cocher, Francis, chargé des gros ouvrages. Un jardinier et une jardinière s'occupaient des légumes, des fruits, des fleurs et de la basse-cour. Et, comme le service était patriarcal, d'une douceur familière, ce petit monde vivait en bonne amitié.

Mme Grégoire, qui avait médité dans son lit la surprise de la brioche, resta pour voir mettre la pâte au four. La cuisine était immense, et on la devinait la pièce importante, à sa propreté extrême, à l'arsenal des casseroles, des ustensiles, des pots qui l'emplissaient. Cela sentait bon la bonne nourriture. Des provisions débordaient des râteliers et des armoires.

— Et qu'elle soit bien dorée, n'est-ce pas? recommanda Mme Grégoire en passant dans la salle à manger.

—Émile Zola, *Germinal* (1885)

**Imparfait:**

**Passé immédiat:**

**Plus-que-parfait:**

The French and the English editions of *Germinal* are free online.

# The pluperfect in English versus the **plus-que-parfait** in French

Sometimes in English the **plus-que-parfait** is translated as a simple rather than a compound tense. However, in French, if there is any anteriority in a series of actions, the **plus-que-parfait** must be used.

| | |
|---|---|
| Geoffroy **a dû** recoller les morceaux du vase qu'il **avait cassé**. | *Geoffroy **had to** stick back together the pieces of the vase he **had broken**.* |
| Elle **a porté** le manteau que je lui **avais acheté**. | *She **wore** the coat I **had bought** for her.* |

Note that in English when referring to a continuing action the construction is to use the **plus-que-parfait**, or more precisely, the past perfect continuous tense. Let's take a look at some examples:

Élodie **habitait** à Dijon depuis des années quand elle **a décidé** de déménager.

*Élodie **had been living** in Dijon for years when she **decided** to move.*

Je **prenais** la même route depuis des mois quand ils **ont fermé** le pont.

*I **had been taking** the same route for months when they **closed** the bridge.*

# And tenses
# rolled along . . .

## Variations in using both the **passé composé** and the **imparfait**

As we have seen in earlier chapters, the **passé composé**, also known as the compound past or the past perfect, is used to refer to a single action completed in the past. We have also learned that the **imparfait**, or imperfect, is used to describe a repeated action that occurred in the past or to describe a state of mind or being that existed in the past. When telling a story that recounts past events, whether in conversation or in written form, you will most likely use both of these past-tense forms, often in the same sentence.

Combining them can sometimes be tricky. Let's take a look at several ways in which the two tenses can be combined.

The **passé composé** is used to describe an action that took place and was completed in the past at a specific moment in time. For example:

> Louis XVI **est devenu** roi de      *Louis XVI **became** king of France*
> France en 1774.      *in 1774.*

In this sentence, we know the specific action—Louis XVI became king—and when it occurred.

Now take a look at the following:

> Louis XVI **avait** vingt ans      *Louis XVI **was** twenty years old*
> en 1774.      *in 1774.*

In this sentence, the **imparfait** of **avoir** is used to indicate Louis's age, a state of being that continued in the past, even though we are discussing a specific year—1774.

Now take a look at the following sentence, which calls for the use of both tenses:

> Louis XVI **avait** vingt ans      *Louis XVI **was** twenty years old*
> quand il **est devenu** roi      *when he **became** king in 1774.*
> en 1774.

In this case, the **passé composé** is used to relate a specific event (becoming king), while the **imparfait** is used to describe a state of being in the past that existed when the specific event occurred (Louis's age at the time).

Here is another example:

| | |
|---|---|
| Il **a neigé** hier. | *It **snowed** yesterday.* |

In the preceding sentence, by using the **passé composé** the narrator is letting us know that it snowed yesterday and that the action is finished—at some point yesterday it stopped snowing.

In the following sentence, the narrator is doing two things:

| | |
|---|---|
| Il **neigeait** hier quand ma voiture **est tombée** en panne. | *It **was snowing** yesterday when my car **broke** down.* |

He is recounting a specific event: his car broke down. This is a single completed action that took place in the past, so it calls for the **passé composé**. However, the narrator is also depicting the scene of the event, describing what was going on in the past when that action took place: it was snowing. In this case, the **imparfait** is used.

Now consider some other examples:

| | |
|---|---|
| Elle **habitait** en France quand elle **était** jeune. | *She **lived** in France when she **was** young.* |

Here we use the **imparfait** both to describe a continuous action in the past (she lived in France) and a state of being (she was young).

| | |
|---|---|
| Elle **a habité** trois ans dans cette maison quand elle **était** jeune. | *She **lived** three years in this house when she **was** young.* |

In this case, the use of the **passé composé** indicates an action completed in the past, for a certain period of time (she lived in this house but no longer lives there), and the **imparfait** indicates a state of being (she was young).

Knowing when to use each of these tenses, alone or in combination with each other, is not always easy. Perhaps the best way to learn is by paying special attention to the verbs when you are reading. Grammar and literature experts have been known to engage in heated—and lengthy—arguments over why a given author—Proust or Camus or Gide—used an **imparfait** when he most certainly meant to use (or should have used) a **passé simple**. Don't be intimidated! Once you become more familiar with the varied ways in which these past tenses are used, you will be more comfortable. And don't be afraid to be flexible!

**Mettre les verbes entre parenthèses au passé composé ou à l'imparfait selon le sens.**

1. Nous (retourner) voir *Le Lac des cygnes* une troisième fois.

   _____

2. Quand je (être) petite, nous (aller) toujours en vacances dans le Finistère.

   _____

3. Manon (attendre) une heure à l'arrêt de l'autobus.

   _____

4. Henri IV (naître) en 1553.

   _____

5. Mes parents (repeigner) les volets de la maison tous les dix ans.

   _____

6. Gustave (écrire) une lettre à Louise quand un orage (éclater).

   _____

7. Cécile (revenir) des Thermes marins de Biarritz hier soir.

   _____

8. Je (lire) mes mails quand mon chat Maine Coon (sauter) sur le clavier.

   _____

9. Des baleines (s'échouer) régulièrement sur cette plage de Norvège.

   _____

10. Victor Hugo (vivre) de très longues années en exil à Guernesey.

    _____

11. Les enfants (jouer) souvent à cache-cache.

    _____

12. Georges Pompidou (être) président quand il (créer) le Centre d'art contemporain Georges-Pompidou.

_____

13. La soprano (devoir) quitter le théâtre, car elle (avoir) mal à la gorge.

_____

14. Je (rouler) dans la forêt quand tout à coup un sanglier (traverser) la route.

_____

15. Nous (hésiter) sur la décoration des chambres quand la vendeuse nous (montrer) des stores en bambou.

_____

16. Le procès (avoir) lieu juste près l'arrestation du gang de braqueurs.

_____

17. L'entreprise (embaucher) des ouvriers turcs, car elle (manquer) de main-d'œuvre bon marché.

_____

18. Quand je (habiter) en Bourgogne, la foire aux vins (se tenir) toujours après les vendanges.

_____

19. Le photographe (se faire) courser par le rhinocéros qu'il (vouloir) prendre en photo.

_____

20. Vous (venir) d'accepter un poste de chercheur dans un laboratoire quand on vous (proposer) un poste de professeur à l'Université de Toulouse.

_____

**Traduire les phrases suivantes en utilisant *vous* si nécessaire.**

1. When you were in Paris, you used to walk along the Seine every Sunday.

   _____

2. Morgane was sleeping when the school bell rang.

   _____

3. Quentin and Audrey were in Polynesia when she discovered she was pregnant.

   _____

4. Lucas was studying Italian when he decided to learn French.

   _____

5. The sand castle was almost finished when suddenly it fell down.

   _____

6. I took an anthropology course when I was at La Sorbonne.

   _____

7. The shooting of the film had been going on for two weeks when the cameraman disappeared.

   _____

8. The farmers had been demonstrating for a month when the government announced the creation of a special aid fund.

   _____

9. When we were living in Italy, we used to go to the Venice Biennale to attend the Festival of Contemporary Music.

   _____

10. The European Parliament was in session in Strasbourg when Greece asked for international aid.

    _____

# Could

Unlike in English, the ideas of *could* and *would* are expressed in more than one way in French. Let's review them:

If *could* refers to a single, unique action in the past, meaning "possibly being able to," the **passé composé** of **pouvoir** is used. First, let's review how it is conjugated:

| | | | |
|---|---|---|---|
| **j'ai pu** | *I could* | **nous avons pu** | *we could* |
| **tu as pu** | *you could* | **vous avez pu** | *you could* |
| **il/elle a pu** | *he/she could* | **ils/elles ont pu** | *they could* |

Here are some examples of the way in which it is used:

| | |
|---|---|
| J'**ai pu** obtenir son consentement. | *I **managed** to obtain his consent.* |
| Il n'**a** pas **pu** arriver à l'heure. | *He **could** not arrive on time.* |
| Nous n'**avons** pas **pu** accepter votre invitation. | *We **could** not accept your invitation.* |
| Elle **a pu** le convaincre. | *She **was able** to convince him.* |

However, if *could* refers to a description or a habitual action, the **imparfait** of **pouvoir** is used. Let's review the **imparfait** of **pouvoir**:

| | | | |
|---|---|---|---|
| **je pouvais** | *I could* | **nous pouvions** | *we could* |
| **tu pouvais** | *you could* | **vous pouviez** | *you could* |
| **il/elle pouvait** | *he/she could* | **ils/elles pouvaient** | *they could* |

Here are some examples of the way it is used:

| | |
|---|---|
| Après son accident, il ne **pouvait** plus conduire. | *After his accident, he **could** no longer drive.* |
| Autrefois, on ne **pouvait** pas voyager librement en Chine. | *Before, one **could** not travel freely in China.* |
| À cette époque, les femmes ne **pouvaient** pas travailler en dehors de la maison. | *At that time, women **could** not work outside the home.* |
| Autrefois, on **pouvait** se stationner n'importe où. | *Once upon a time, you **could** park anywhere.* |

**EXERCICE 4·3**

**Traduire les phrases suivantes en utilisant le temps convenable de *pouvoir*.**

1. Pierre could not open the door.

2. — In France, women could not vote. — Until when? — Until 1945.

_____

3. I finally managed to get my visa for Bhutan.

_____

4. In the past, people could smoke anywhere.

_____

5. Bertrand was able to survive thanks to his courage.

_____

6. At that time, Japan was closed to foreigners.

_____

7. The children were able to find a new school.

_____

8. Timothy managed to solve the problem.

_____

9. Mélanie could not persuade him to go to the movies.

_____

10. Some tourists were able to leave the country but not all of them.

_____

# Would

When *would* refers to a specific action in the past, the **passé composé** of the verb **vouloir** is used. First, let's review how it is conjugated:

| | | | |
|---|---|---|---|
| **j'ai voulu** | *I would* | **nous avons voulu** | *we would* |
| **tu as voulu** | *you would* | **vous avez voulu** | *you would* |
| **il/elle a voulu** | *he/she would* | **ils/elles ont voulu** | *they would* |

Here are some examples of the way it is used:

| | |
|---|---|
| J'ai demandé leur assistance, mais personne n'**a voulu** m'aider. | *I asked for their assistance, but no one **would** help me.* |
| Nous l'avons invité, mais il n'a pas **voulu** venir. | *We invited him, but he **would** not come.* |

However, when *would* refers to a repeated action in the past, the **imparfait** of the main verb is used:

| | |
|---|---|
| Quand il était jeune, il **allait** au cinéma chaque semaine. | *When he was young, he **would go** to the movies every week.* |
| Quand j'habitais en ville, je **prenais** l'autobus. | *When I lived in the city, I **would take** the bus.* |

EXERCICE

4·4

**Traduire les phrases suivantes de français en anglais.**

1. Quand elle était ado, elle jouait au basket-ball le jeudi soir.

   _____

2. Xavier n'a pas voulu assister à la cérémonie.

   _____

3. Dans le passé, il fumait beaucoup.

   _____

4. Au Moyen Âge, les troubadours chantaient des poèmes d'amour.

   _____

5. Je lui ai demandé gentiment, mais il n'a pas voulu me prêter un peu d'argent.

   _____

6. Avant son divorce, il faisait de l'exercice tous les jours.

   _____

7. Pourquoi n'a-t-il pas voulu t'accompagner?

   _____

8. Elle chantait dans une chorale tous les jeudis.

_____

9. Nous n'avons pas voulu lui faire croire qu'on voterait pour lui.

_____

10. Fabrice n'a pas voulu abandonner.

_____

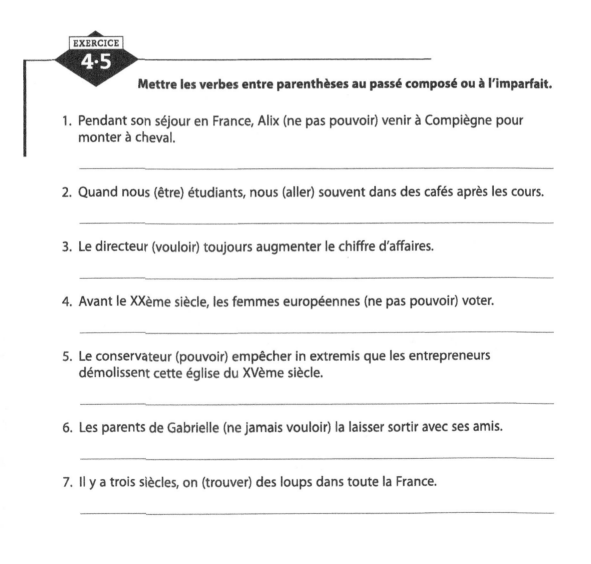

**Mettre les verbes entre parenthèses au passé composé ou à l'imparfait.**

1. Pendant son séjour en France, Alix (ne pas pouvoir) venir à Compiègne pour monter à cheval.

_____

2. Quand nous (être) étudiants, nous (aller) souvent dans des cafés après les cours.

_____

3. Le directeur (vouloir) toujours augmenter le chiffre d'affaires.

_____

4. Avant le XXème siècle, les femmes européennes (ne pas pouvoir) voter.

_____

5. Le conservateur (pouvoir) empêcher in extremis que les entrepreneurs démolissent cette église du XVème siècle.

_____

6. Les parents de Gabrielle (ne jamais vouloir) la laisser sortir avec ses amis.

_____

7. Il y a trois siècles, on (trouver) des loups dans toute la France.

_____

8. Ma grand-mère (aller) en Alsace chaque décembre et elle nous (rapporter) des décorations de Noël.

   _____

9. Quentin (arriver) en retard au stade Roland-Garros et il (ne pas pouvoir) acheter de billet.

   _____

10. Mon patron (ne pas vouloir) m'accorder une augmentation de salaire!

   _____

As we have seen earlier, some verbs are more often used in the **imparfait** since they typically express a mental or physical state of being. These include **être** (*to be*), **avoir** (*to have*), **penser** (*to think*), **croire** (*to believe*), **savoir** (*to know*), **espérer** (*to hope*), **sembler** (*to seem*), **paraître** (*to appear*). However, they can also be used in the **passé composé**. When this occurs, it is to indicate a change in state of mind or condition.

Take a look at the following examples:

| | |
|---|---|
| Je **savais** que vous étiez généreux. | *I **knew** you were generous.* |
| J'**ai su** immédiatement qu'il avait besoin de moi. | *I **realized** immediately that he needed me.* |
| Elle **semblait** tendue. | *She **looked** tense.* |
| Tout d'un coup elle **a semblé** se détendre. | *Suddenly, she **seemed** to relax.* |

This change in state of mind or condition often occurs suddenly, so watch for adverbs such as **immédiatement, soudainement, tout à coup**, and **tout d'un coup**. These are indicators of what tense is the most appropriate.

EXERCICE
4·6

**Mettre les verbes entre parenthèses au passé composé ou à l'imparfait.**

1. La duchesse (être) toujours habillée en rose.

   _____

2. Nous (savoir) bien que tu n'aimais pas ton patron.

_____

3. Jean a mangé un escargot et tout à coup il (être) malade.

_____

4. Lionel (croire) que tu avais trente-cinq ans.

_____

5. Le soldat (paraître) si épuisé sur la photo.

_____

6. Soudain, je (savoir) qu'il mentait.

_____

7. Le sultan Moulay Ismaïl (avoir) de nombreux palais.

_____

8. Il était à terre, il ne respirait plus; je (croire) un instant qu'il était mort. Mais heureusement, ce n'était pas le cas.

_____

9. Le chimiste assis derrière son bureau (sembler) passif.

_____

10. Soudain Madame Thibault (avoir) des vertiges. Un passant l'a emmenée voir le pharmacien.

_____

To express the idea that an action had been going on for a period of time before being interrupted, the **imparfait** is used with **depuis**. Take a look at the following examples:

Nous **vivions** à la campagne depuis six mois quand nous avons décidé d'acheter une voiture.

_We **had been living** in the country for six months when we decided to buy a car._

Elle **parlait** depuis une demi-heure quand elle a perdu la voix.

_She **had been speaking** for half an hour when she lost her voice._

**Mettre les verbes entre parenthèses à l'imparfait.**

1. Nous (se promener) dans les Alpes depuis deux semaines quand nous avons enfin vu des marmottes.

   _____

2. Je (dormir) depuis un quart d'heure quand l'alarme s'est déclenchée.

   _____

3. Nathalie (travailler) au Pérou depuis trois ans quand elle a dû rentrer en France précipitamment.

   _____

4. Vous (commander) les plats quand le dernier invité est arrivé à bout de souffle.

   _____

5. Sacha (être en train) de déboucher le champagne quand le bouchon a sauté au plafond.

   _____

6. Capucine et Noé (discuter) depuis une demi-heure quand il lui a demandé s'ils pouvaient se tutoyer.

   _____

7. Toute la famille (regarder) _Les Misérables_ quand tout à coup Jeanne a fondu en larmes.

   _____

8. Je (commencer) à désespérer de retrouver ma voiture quand le voleur a enfin été arrêté par la police.

   _____

9. Nous (contempler) la voûte céleste quand soudain une étoile filante l'a traversée.

   _____

10. La situation politique (commencer) à dégénérer quand un coup d'État a eu lieu.

   _____

To express the idea that two simultaneous actions had been going on in the past, the **imparfait** is used with **pendant**. Take a look at the following examples:

La mère **regardait** le visage de son enfant pendant qu'il **dormait**.

*The mother **was looking** at her child's face while he **was sleeping**.*

Je **cherchais** la carte pendant qu'il **conduisait**.

*I **was looking for** the map while he **was driving**.*

EXERCICE
4·8

**Mettre les verbes entre parenthèses à l'imparfait.**

1. Je (monter) les blancs d'œuf en neige pendant qu'Antoine (mélanger) la farine, le sucre et les jaunes.

_____

2. Le professeur (parler) du *Cœur régulier* d'Olivier Adam pendant que les étudiants (prendre) des notes.

_____

3. La pluie (remplir) les gouttières pendant que le vent (coucher) les arbres.

_____

4. Les musiciens (jouer) du jazz dixieland pendant que les invités (danser).

_____

5. Annabelle (passer) l'aspirateur pendant que tu (nettoyer) les vitres.

_____

6. Mon poisson rouge (tourner) dans son bocal pendant que les chats le (regarder) d'un air malicieux.

_____

7. Je (tenir) le clou pendant que Magalie (taper) dessus avec un marteau.

_____

8. Un avion (décoller) pendant qu'un autre (atterrir).

_____

9. L'interprète (traduire) pendant que le conférencier australien (se présenter).

_____

10. Léo et Adrien (camper) dans les bois pendant que leurs parents (faire) du kayak.

_____

### Traduire la lettre de Pierre en utilisant le temps approprié.

When I was a child, I lived in a city. I became very independent. I would take the bus
to school by myself. I could walk there, too. In the afternoon I played the piano. I
used to play with a teacher twice a week, and I played very well. One day, I realized
that I preferred sports, so I stopped my piano lessons. I started playing basketball.
What a shame! I miss the piano lessons.

_____

_____

_____

_____

# Keep it simple

## The **passé simple**

The **passé simple**, the simple past or historical past, is one of the most elegant tenses in French. It is the equivalent, as far as literal meaning is concerned, of the **passé composé**, describing, therefore, a specific, completed past action. The **passé simple** has a somewhat exalted status among French tenses, perhaps owing to its aristocratic aura. Indeed, the **passé simple** could be defined as a purely literary tense, since it has virtually disappeared from spoken French, occurring mainly in written language and in formal speeches. When recounting events, quality newspapers use the **passé simple** to showcase their refinement. However, even tabloids reach for the **passé simple** when they want to convey a sense of drama in their narratives.

Appearing in French literature of all periods, this tense is used as much by contemporary francophone authors as it was by the giants of the nineteenth century. If you really want to read works of literature in the original French, you will need to be able to identify the **passé simple** to fully appreciate the text. If you take the opportunity to read aloud, you will be able to appreciate the precise, incisive quality of this tense even more.

The verbs **avoir** and **être** both have an irregular conjugation in the **passé simple**:

**avoir** (to have)

| | | | |
|---|---|---|---|
| **j'eus** | *I had* | **nous eûmes** | *we had* |
| **tu eus** | *you had* | **vous eûtes** | *you had* |
| **il/elle eut** | *he/she had* | **ils/elles eurent** | *they had* |

**être** (to be)

| | | | |
|---|---|---|---|
| **je fus** | *I was* | **nous fûmes** | *we were* |
| **tu fus** | *you were* | **vous fûtes** | *you were* |
| **il/elle fut** | *he/she was* | **ils/elles furent** | *they were* |

| | |
|---|---|
| L'ambassadeur **fut ravi** de faire votre connaissance. | *The ambassador **was delighted** to meet you.* |
| Elles **furent étonnées** de l'absence de sa femme. | *They **were surprised** that his wife was not there.* |

| | |
|---|---|
| Je n'**eus** pas le réflexe de l'embrassser. | *I **did not have** the reflex to kiss him.* |
| Nous **eûmes** l'agréable surprise de rencontrer le directeur de l'Opéra Garnier. | *We **had** the pleasant surprise to meet the director of the Garnier Opera.* |

# The passé simple with regular -er verbs

The **passé simple** of regular -er verbs like **parler** (*to speak*) is formed by adding the endings -ai, -as, -a, -âmes, -âtes, -èrent to the infinitive stem:

parler → parl-

| | | | |
|---|---|---|---|
| **je parlai** | *I spoke* | **nous parlâmes** | *we spoke* |
| **tu parlas** | *you spoke* | **vous parlâtes** | *you spoke* |
| **il/elle parla** | *he/she spoke* | **ils/elles parlèrent** | *they spoke* |

Verbs like **remplacer** and **encourager** have a spelling change. When the **passé simple** ending starts with -**a**, add a cedilla (ç) for those ending in -**cer** and add an extra **e** for those ending in -**ger**:

| | |
|---|---|
| Il **finança** sa propre entreprise. | *He **financed** his own company.* |
| Nous **remplaçâmes** le chandelier. | *We **replaced** the chandelier.* |
| Elle **négligea** son jardin. | *She **neglected** her garden.* |
| Il **voyagea** sans valise. | *He **traveled** without a suitcase.* |

EXERCICE
5·1

**Mettre les verbes au passé simple.**

1. Ils se (venger) sur le chocolat!

_____

2. Renée Fleming (chanter) plusieurs fois *Thaïs* à l'Opéra Bastille de Paris.

_____

3. Les membres de l'Académie (saluer) l'élection d'Érik Orsenna, ce fou de grammaire.

_____

4. Grâce à genealogie.com, Élise (retrouver) les traces de son arrière-grand-mère.

_____

5. Certains soldats, pendant quelque temps, (avoir) du mal à joindre leur famille.

   _____

6. Les spectateurs (pleurer) devant la pièce *La Nuit juste avant les forêts* de Koltès.

   _____

7. Mon grand-oncle et moi (apporter) de vieilles photos à la réunion de famille.

   _____

8. Jérôme et Alain (héberger) des résistants pendant six mois.

   _____

9. Après des heures de négociations, Pékin (refuser) un accord clé au G20.

   _____

10. En raison d'une défaillance technique, les passagers (passer) la nuit dans le train Thalys reliant Amsterdam-Paris.

    _____

# The passé simple of regular -ir and -re verbs

To form the **passé simple** of regular -ir and -re verbs, like **réussir** (*to succeed*) and **attendre** (*to wait*), add the endings **-is, -is, it, -îmes, -îtes, -irent** to the infinitive stem:

**réussir** (to succeed)

| | | | |
|---|---|---|---|
| **je réussis** | *I succeeded* | **nous réussîmes** | *we succeeded* |
| **tu réussis** | *you succeeded* | **vous réussîtes** | *you succeeded* |
| **il/elle réussit** | *he/she succeeded* | **ils/elles réussirent** | *they succeeded* |

**attendre** (to wait)

| | | | |
|---|---|---|---|
| **j'attendis** | *I waited* | **nous attendîmes** | *we waited* |
| **tu attendis** | *you waited* | **vous attendîtes** | *you waited* |
| **il/elle attendit** | *he/she waited* | **ils/elles attendirent** | *they waited* |

| | |
|---|---|
| Ils **attendirent** sur la terrasse l'arrivée de leurs invités. | *They **waited** on the terrace for their guests to arrive.* |
| Nous **partîmes**, déçus. | *We **left**, disappointed.* |

# The **passé simple** of irregular verbs

Other verbs also have an irregular **passé simple**. In some cases, the stem of the **passé simple** is based on the past participle, but this is not a fixed rule. Memorizing some of these verbs in the **passé simple** will enable you to identify them right away when you read a novel or a newspaper. It is especially useful to learn the third-person singular and plural forms.

| | | | | |
|---|---|---|---|---|
| **boire** (*to drink*) | **il but** | *he drank* | **ils burent** | *they drank* |
| **conduire** (*to drive*) | **il conduisit** | *he drove* | **ils conduisirent** | *they drove* |
| **connaître** (*to know*) | **il connut** | *he knew* | **ils connurent** | *they knew* |
| **convaincre** (*to convince*) | **il convainquit** | *he convinced* | **ils convainquirent** | *they convinced* |
| **courir** (*to run*) | **il courut** | *he ran* | **ils coururent** | *they ran* |
| **craindre** (*to fear*) | **il craignit** | *he feared* | **ils craignirent** | *they feared* |
| **croire** (*to believe*) | **il crut** | *he believed* | **ils crurent** | *they believed* |
| **devoir** (*to have to*) | **il dut** | *he had to* | **ils durent** | *they had to* |
| **écrire** (*to write*) | **il écrivit** | *he wrote* | **ils écrivirent** | *they wrote* |
| **éteindre** (*to turn off*) | **il éteignit** | *he turned off* | **ils éteignirent** | *they turned off* |
| **faire** (*to do*) | **il fit** | *he did* | **ils firent** | *they did* |
| **falloir** (*to have to*) | **il fallut** | *one had to* | | |
| **introduire** (*to introduce*) | **il introduisit** | *he introduced* | **ils introduisirent** | *they introduced* |
| **lire** (*to read*) | **il lut** | *he read* | **ils lurent** | *they read* |
| **mettre** (*to put*) | **il mit** | *he put* | **ils mirent** | *they put* |
| **mourir** (*to die*) | **il mourut** | *he died* | **ils moururent** | *they died* |
| **naître** (*to be born*) | **il naquit** | *he was born* | **ils naquirent** | *they were born* |
| **obtenir** (*to obtain*) | **il obtint** | *he obtained* | **ils obtinrent** | *they obtained* |
| **offrir** (*to offer*) | **il offrit** | *he offered* | **ils offrirent** | *they offered* |
| **peindre** (*to paint*) | **il peignit** | *he painted* | **ils peignirent** | *they painted* |
| **plaire** (*to please*) | **il plut** | *he pleased* | **ils plurent** | *they pleased* |
| **pleuvoir** (*to rain*) | **il plut** | *it rained* | | |
| **pouvoir** (*can*) | **il put** | *he could* | **ils purent** | *they could* |
| **prendre** (*to take*) | **il prit** | *he took* | **ils prirent** | *they took* |
| **recevoir** (*to receive*) | **il reçut** | *he received* | **ils reçurent** | *they received* |
| **rire** (*to laugh*) | **il rit** | *he laughed* | **ils rirent** | *they laughed* |
| **savoir** (*to know*) | **il sut** | *he knew* | **ils surent** | *they knew* |
| **sourire** (*to smile*) | **il sourit** | *he smiled* | **ils sourirent** | *they smiled* |
| **tenir** (*to hold*) | **il tint** | *he held* | **ils tinrent** | *they held* |
| **valoir** (*to be worth*) | **il valut** | *it was worth* | **ils valurent** | *they were worth* |
| **venir** (*to come*) | **il vint** | *he came* | **ils vinrent** | *they came* |

| vivre (*to live*) | il vécut | *he lived* | ils vécurent | *they lived* |
| vouloir (*to want*) | il voulut | *he wanted* | ils voulurent | *they wanted* |

**Indiquer l'infinitif des verbes suivants.**

1. tîntes

_____

2. crut

_____

3. naquîmes

_____

4. mîmes

_____

5. plûtes

_____

6. vécûmes

_____

7. vînmes

_____

8. peignirent

_____

9. courut

_____

10. offris

_____

**Mettre les verbes au passé simple.**

1. Marguerite Yourcenar (être) la première femme élue à l'Académie française.

   _____

2. Immédiatement, Joséphine (reconnaître) son ancienne camarade de chambre.

   _____

3. En 1832, Delacroix (peindre) le célèbre tableau _Femmes d'Alger dans leur appartement_.

   _____

4. Henri VIII (avoir) six épouses.

   _____

5. Léon Bloom (mettre) en vigueur les congés payés en 1936.

   _____

6. Depardieu (jouer) Cyrano de Bergerac dans le film de Jean-Paul Rappeneau en 1990.

   _____

7. De nombreux titres de la presse régionale (être) absents des kiosques samedi en raison d'une grève.

   _____

8. Votre interprétation de la chanson de Dalida (plaire) énormément à l'audience.

   _____

9. Baryshnikov (établir) une fondation de danse en 2005.

   _____

10. Pour comprendre le XIXème siècle, Laurent (lire) tout Balzac, Zola et Flaubert.

    _____

11. Le Sénégal (devenir) indépendant en 1960.

    _____

12. Rabelais (écrire) *Le traité de bon usage du vin.*

_____

13. Le Président de la République (recevoir) son homologue russe à Versailles.

_____

14. Arthur C. Clarke, dit-on, (prédire) le GPS.

_____

15. François 1er (mourir) en 1547.

_____

16. Albert Camus (naître) en 1913.

_____

17. Les frères Montgolfier (inventer) les montgolfières, ballons à air chaud.

_____

18. Avec leurs jumelles, ils (pouvoir) voir Sirius, l'étoile principale de la constellation du Grand Chien.

_____

19. L'éclairagiste (éteindre) les lumières et le théâtre (devenir) tout sombre.

_____

20. Les délégués nous (offrir) un très beau vase en porcelaine de Limoges.

_____

The **passé simple** is also used to set a scene, to describe the décor, and to create drama. For this reason, you'll find it in the writings of Molière, Racine, Corneille, and the great playwrights of all centuries. You'll find it in in the newspaper, in the refined writing of *Le Monde*, but also in the local rags. And you'll find lots of **passé simple** in detective novels and science fiction to generate fear and passion. Let's look at some possible headlines:

| | |
|---|---|
| Un ado en colère **saisit** le gigot, le **jeta** par la fenêtre et **tua** un passant. | *An angry teenager **grabbed** the leg of lamb, **threw** it out of the window, and **killed** a passer-by.* |
| Un éclair **foudroya** le chêne centenaire. | *A flash of lightning **struck** a hundred-year-old oak.* |

| Un homme en costume de clown **menaça** les policiers et **se jeta** dans la Seine. | A man disguised as a clown **threatened** the police and **threw himself** into the Seine. |
| --- | --- |

Now some theater:

**Oreste:** […] T'ai-je jamais caché mon cœur et mes désirs?
Tu **vis** naître ma flamme et mes premiers soupirs.
Enfin, quand Ménélas **disposa** de sa fille
En faveur de Pyrrhus, vengeur de sa famille,
Tu **vis** mon désespoir; et tu m'as vu depuis
Traîner de mers en mers ma chaîne et mes ennuis.
Je te **vis** à regret, en cet état funeste,
Prêt à suivre partout le déplorable Oreste,
Toujours de ma fureur interrompre le cours,
Et de moi-même enfin me sauver tous les jours.

—Jean Racine, *Andromaque* (1667)

§

**Arnolphe:** Peut-être. Mais enfin contez-moi cette histoire.
**Agnès:** Elle est fort étonnante, et difficile à croire.
J'étais sur le balcon à travailler au frais,
Lorsque je **vis** passer sous les arbres d'auprès
Un jeune homme bien fait, qui, rencontrant ma vue,
D'une humble révérence aussitôt me salue:
Moi, pour ne point manquer à la civilité,
je **fis** la révérence aussi de mon côté. […]

—Molière, *L'École des femmes* (1662)

EXERCICE
5·4

**Traduire les phrases suivantes en utilisant le passé simple.**

1. He saw a yellow bird.

_____

2. They saw a very good play.

_____

3. She drove for hours on the Riviera.

_____

4. The young man turned off the light.

_____

5. Picasso painted _Les demoiselles d'Avignon._

_____

6. Zoé wrote the first chapter of her novel in Nice.

_____

7. He grabbed the branch and threw it in the river.

_____

8. Maria Callas sang _Carmen_ by Bizet.

_____

9. Simon received a beautiful gift.

_____

10. The Internet revolutionized the world.

_____

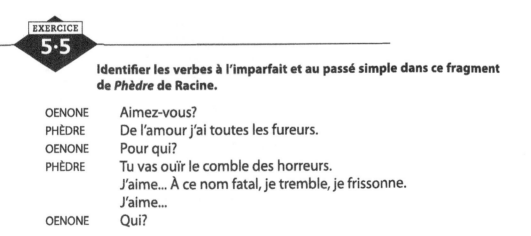

EXERCICE
5·5

**Identifier les verbes à l'imparfait et au passé simple dans ce fragment de _Phèdre_ de Racine.**

| | |
|---|---|
| OENONE | Aimez-vous? |
| PHÈDRE | De l'amour j'ai toutes les fureurs. |
| OENONE | Pour qui? |
| PHÈDRE | Tu vas ouïr le comble des horreurs. |
| | J'aime... À ce nom fatal, je tremble, je frissonne. |
| | J'aime... |
| OENONE | Qui? |

| PHÈDRE | Tu connais ce fils de l'Amazone, |
| --- | --- |
| | Ce prince si longtemps par moi-même opprimé? |
| OENONE | Hippolyte? Grands dieux! |
| PHÈDRE | C'est toi qui l'as nommé! |
| OENONE | Juste ciel! tout mon sang dans mes veines se glace! |
| | O désespoir! ô crime! ô déplorable race! |
| | Voyage infortuné! Rivage malheureux, |
| | Fallait-il approcher de tes bords dangereux? |
| PHÈDRE | Mon mal vient de plus loin. À peine au fils d'Egée |
| | Sous ses lois de l'hymen je m'étais engagée, |
| | Mon repos, mon bonheur semblait être affermi, |
| | Athènes me montra mon superbe ennemi. |
| | Je le vis, je rougis, je pâlis à sa vue; |
| | Un trouble s'éleva dans mon âme éperdue; |
| | Mes yeux ne voyaient plus, je ne pouvais parler, |
| | Je sentis tout mon corps et transir et brûler. |
| | Je reconnus Vénus et ses feux redoutables, |
| | D'un sang qu'elle poursuit, tourments inévitables. |
| | Par des vœux assidus je crus les détourner: |
| | Je lui bâtis un temple, et pris soin de l'orner; |
| | De victimes moi-même à toute heure entourée, |
| | Je cherchais dans leurs flancs ma raison égarée. |
| | D'un incurable amour remèdes impuissants! |
| | En vain sur les autels ma main brûlait l'encens: |
| | Quand ma bouche implorait le nom de la déesse, |
| | J'adorais Hippolyte, et le voyant sans cesse, |
| | Même au pied des autels que je faisais fumer, |
| | J'offrais tout à ce dieu que je n'osais nommer. |
| | Je l'évitais partout. O comble de misère! |
| | Mes yeux le retrouvaient dans les traits de son père. |
| | Contre moi-même enfin j'osai me révolter: |
| | J'excitai mon courage à le persécuter. |
| | Pour bannir l'ennemi dont j'étais idolâtre, |
| | J'affectai les chagrins d'une injuste marâtre; |
| | Je pressai son exil, et mes cris éternels |
| | L'arrachèrent du sein et des bras paternels. |
| | Je respirais, Oenone; et depuis son absence, |
| | Mes jours moins agités coulaient dans l'innocence; |
| | Soumise à mon époux, et cachant mes ennuis, |
| | De son fatal hymen je cultivais les fruits. |

Vaines précautions! Cruelle destinée!
Par mon époux lui-même à Trézène amenée,
J'ai revu l'ennemi que j'avais éloigné:
Ma blessure trop vive aussitôt a saigné.
Ce n'est plus une ardeur dans mes veines cachée:
C'est Vénus toute entière à sa proie attachée.
J'ai conçu pour mon crime une juste terreur.
J'ai pris la vie en haine et ma flamme en horreur;
Je voulais en mourant prendre soin de ma gloire,
Et dérober au jour une flamme si noire.
Je n'ai pu soutenir tes larmes, tes combats;
Je t'ai tout avoué; je ne m'en repens pas,
Pourvu que de ma mort respectant les approches,
Tu ne m'affliges plus par d'injustes reproches,
Et que tes vains secours cessent de rappeler
Un reste de chaleur tout prêt à s'exhaler.

—Jean Racine, *Phèdre*, Acte I, Scene III (1677)

**Passé simple:**

_____

_____

_____

_____

**Imparfait:**

_____

_____

_____

_____

The French and the English editions of ***Phèdre*** can be found free online.

# The palette of the pasts

## The other past tenses

## 6

As you have already seen, talking and writing about the past is not a simple matter. So far, we have considered the **passé composé**, the **imparfait**, the **plus-que-parfait**, and the **passé simple**. These are the most frequently used past tenses, but in some cases they do not work and other tenses must be used. These are the **futur antérieur** (the future perfect), the **conditionnel passé** (the past conditional), the **subjonctif passé**, and the **infinitif passé**. Let's examine what these tenses are, how they are formed, and how they are used.

## The **futur antérieur**

The **futur antérieur** describes an action that will take place and be completed before another future action. This compound tense is formed by using the future tense of the appropriate auxiliary verb, **avoir** or **être**, plus the past participle of the main verb. The agreement rules for number and gender are the same as those for the **passé composé**. The future perfect tense is rarely used in English but is not uncommon in French. Let's look at some sample conjugations with verbs using **avoir** and **être**:

**lire** (to *read*)

| | | | |
|---|---|---|---|
| **j'aurai lu** | *I will have read* | **nous aurons lu** | *we will have read* |
| **tu auras lu** | *you will have read* | **vous aurez lu** | *you will have read* |
| **il/elle aura lu** | *he/she will have read* | **ils/elles auront lu** | *they will have read* |

| | |
|---|---|
| Il **aura passé** toute sa vie à Strasbourg. | He **will have spent** his whole life in Strasbourg. |
| J'**aurai pris ma retraite** d'ici la fin de l'année. | I **will have retired** by the end of the year. |
| Lionel **sera parti** avant son retour. | Lionel **will have left** before his/her return. |

**Mettre les verbes entre parenthèses au futur antérieur.**

1. Je (finir) dans un quart d'heure.

   _____

2. Le syndicat (prendre) une décision d'ici ce soir.

   _____

3. Le chat peut-être (attraper) la souris qui était au grenier.

   _____

4. Vous (assister) à la chute de cet État policier d'ici peu.

   _____

5. Notre succès sûrement (faire) des jaloux.

   _____

6. Les spéculateurs (influencer) le cours des matières premières.

   _____

7. Maxence certainement (installer) le réseau virtuel d'ici une semaine.

   _____

8. L'urbanisation (se développer) au-delà des estimations.

   _____

9. Noémie (se plaindre) durant tout le voyage.

   _____

10. La coalition (ne pas résister) aux élections régionales.

    _____

Sometimes there is a choice between using the **futur simple** and the **futur antérieur**. If you want to imply the fact that two actions take place simultaneously, then both clauses of the sentence will use the **futur simple**. However, if you want to indicate the fact that one action will take place before the other, you must use the **futur antérieur**. Let's take a look at the following examples:

Dès que vous **aurez fini** le rapport, nous le **ferons** imprimer.

*As soon as you **have finished (will have finished)** the report, we **will have** it printed.*

J'**irai** à Paris quand j'**aurai appris** le français.

*I'll **go** to Paris when I **have learned** French.*

EXERCICE

6·2

**Mettre les verbes entre parenthèses au futur antérieur.**

1. Aussitôt que le professeur (corriger) les copies, elle affichera les notes.

_____

2. Les manifestants quitteront la place quand le gouvernement (effectuer) des réformes.

_____

3. Maryse apprendra l'italien quand elle (maîtriser) le français.

_____

4. Anaïs signera son contrat dès qu'elle le (recevoir).

_____

5. Ce juge arrêtera de combattre la corruption quand elle (disparaître).

_____

6. Quand la communauté internationale (faire) pression sur le dictateur, il s'exilera.

_____

7. Tu donneras ta démission quand tu (trouver) un autre emploi.

_____

8. Sébastien ne pourra se servir de son appareil photo que lorsqu'il (lire) le mode d'emploi.

_____

9. Dès que le témoin (se souvenir) du modèle de la voiture volée, la police commencera les recherches.

_____

10. Mon imprimante ne fonctionnera pas tant que je (ne pas remplacer) les cartouches.

_____

The **futur antérieur** can also express the *probability* of a past action, as in the following examples:

| | |
|---|---|
| Il **aura** encore **manqué** son train! | He **probably missed** his train again! |
| Elle **aura** encore **perdu** ses clés. | She **probably lost** her keys. |

The **futur antérieur** is also used after **si**, implying a completed action. **Si** means *whether* in this case.

| | |
|---|---|
| Je me demande s'ils **auront** tout **décidé** avant ce soir. | I am wondering whether they **will have decided** everything by tonight. |
| Il se demande si vous **aurez réussi** à obtenir des billets. | He is wondering whether you **will have managed** to get some tickets. |

The **futur antérieur** is never used after **si** implying a future condition. Use the present tense instead.

| | |
|---|---|
| Si j'ai le temps, je **passerai** te voir. | If I **have** time, I **will stop by** to see you. |
| Si vous **pouvez**, **allez** les voir. | If you **can**, **go** see them. |

**Mettre les verbes entre parenthèses au futur antérieur.**

1. On ignore quand les techniciens (réparer) le circuit électrique.

   _____

2. Elle encore (oublier) notre rendez-vous!

   _____

3. Je me demande si le bouche à oreille (être) efficace.

   _____

4. Nous ne savons pas quand Benjamin (numériser) toutes les photos.

   _____

5. Elle encore (se brûler) en faisant griller des sardines de Douarnenez sur le barbecue!

   _____

6. Nous nous demandons comment elle (se défendre) au procès.

   _____

7. Il encore (croire) voir des extraterrestres!

   _____

8. Vous ignorez si le gouvernement (être) complètement remanié.

   _____

9. Il encore (se tromper) d'immeuble!

   _____

10. Je me demande si on lui (donner) carte blanche.

    _____

**Traduire les phrases suivantes en utilisant le futur antérieur et *tu* si nécessaire.**

1. You'll have spent your whole life traveling.

   _____

2. We will go to the movies as soon as the babysitter arrives.

   _____

3. She probably bought a new computer!

   _____

4. I wonder whether they'll have fallen in love during the cruise.

   _____

5. By tonight, Victorine will have changed her mind.

   _____

6. He'll go out once he has washed his car.

   _____

7. She probably stole all their watches!

   _____

8. The workers probably blocked the entry to the factory!

   _____

9. Justine will have stayed at home the whole weekend.

   _____

10. I will help you do your homework when I am done cooking.

   _____

# The passé antérieur

The **passé antérieur** (past anterior) is formed by using the **passé simple** of the appropriate helping verb (**avoir** or **être**) plus the past participle of the verb. (Refer back to Chapter 5 for the conjugations of **être** and **avoir** in the **passé simple**.) The **passé antérieur** is primarily used in formal and literary writings. The **passé antérieur** is used after conjunctions of time: **aussitôt que** and **dès que** (*as soon as*), **quand** and **lorsque** (*when*), and **après que** (*after*)—to show that an action was completed before another action (expressed by the **passé simple**) took place. This tense is used only in literature. However, it is important for you to be able to identify the **passé antérieur**.

| | |
|---|---|
| Aussitôt que la nuit **fut tombée**, les feux d'artifice **éclatèrent**. | *As soon as night **had fallen**, the fireworks **burst out**.* |
| Dès que l'armée **eut envahi** la ville, le roi et la reine **s'échappèrent**. | *As soon as the army **had invaded** the city, the king and the queen **escaped**.* |

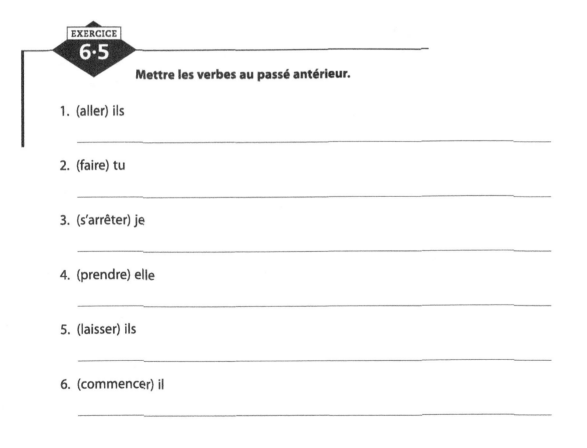

EXERCICE
6·5

**Mettre les verbes au passé antérieur.**

1. (aller) ils

   _____

2. (faire) tu

   _____

3. (s'arrêter) je

   _____

4. (prendre) elle

   _____

5. (laisser) ils

   _____

6. (commencer) il

   _____

7. (recevoir) vous

_____

8. (accrocher) je

_____

9. (regarder) ils

_____

10. (se promener) nous

_____

# The conditionnel passé

The **conditionnel passé** (past conditional) is used to express what would have happened if another event had taken place or if certain conditions had not been present. It is formed by combining the present conditional of the auxiliary verb **avoir** or **être** plus the past participle of the main verb. The rules of agreement of gender and number common to all compound tenses still apply. Let's take a look at some sample conjugations with verbs using **avoir** and **être**:

**dire** (to say)
| | | | |
|---|---|---|---|
| **j'aurais dit** | _I would have said_ | **nous aurions dit** | _we would have said_ |
| **tu aurais dit** | _you would have said_ | **vous auriez dit** | _you would have said_ |
| **il/elle aurait dit** | _he/she would have said_ | **ils auraient dit** | _they would have said_ |

**aller** (to go)
| | | | |
|---|---|---|---|
| **je serais allé(e)** | _I would have gone_ | **nous serions allé(e)s** | _we would have gone_ |
| **tu serais allé(e)** | _you would have gone_ | **vous seriez allé(e)(s)** | _you would have gone_ |
| **il/elle serait allé(e)** | _he/she would have gone_ | **ils/elles seraient allé(e)s** | _they would have gone_ |

Vous **auriez été** stupéfaits.      _You **would have been** amazed._
Elle **aurait été** déçue!      _She **would have been** disappointed!_
Ils **se seraient entendus**.      _They **would have gotten along**._

**Mettre les verbes au conditionnel passé.**

1. lancer (nous)

_____

2. circuler (ils)

_____

3. souffrir (elle)

_____

4. sponsoriser (tu)

_____

5. rompre (vous)

_____

6. grandir (tu)

_____

7. hériter (je)

_____

8. se souvenir (tu)

_____

9. ajouter (il)

_____

10. s'endormir (vous)

_____

The **conditionnel passé** can be used to express regret or reproach:

Il **aurait voulu** venir. — He **would have liked** to come.

Nous **aurions dû décider** plus vite. — We **should have decided** more quickly.

Elle **aurait aimé** l'encourager. — She **would have liked** to encourage him.

Cela **aurait été** une démarche plus positive. — It **would have been** a more positive approach.

EXERCICE

6·7

**Mettre les verbes entre parenthèses au conditionnel passé.**

1. Vous (devoir) me prévenir.

_____

2. Nous (aimer) rencontrer ce célèbre écrivain.

_____

3. Elle (souhaiter) devenir vétérinaire.

_____

4. Thibault (être) très mécontent.

_____

5. Je (vouloir) être exploratrice comme Alexandra David-Néel.

_____

6. Ces immeubles neufs parfaitement (convenir) pour nos bureaux.

_____

7. Tu (pouvoir) l'encourager davantage.

_____

8. Il croyait qu'ils (finir) de peindre la maison à la fin du mois.

_____

9. Je la (accueillir) avec plaisir!

_____

10. Ils (enfreindre) la loi.

_____

The **conditionnel passé** is typically found in sentences where the **si** (dependent) clause is in the **plus-que-parfait**.

Je **serais arrivé** plus tôt si vous m'**aviez** déposé.

*I would have arrived earlier if you had dropped me off.*

Elle **aurait voulu** venir s'il n'y **avait** pas eu tant de neige.

*She would have liked to come if there had not been so much snow.*

Si le professeur n'**avait** pas **été** absent, ses élèves **auraient été** mieux préparés.

*If the teacher had not been absent, his students would have been better prepared.*

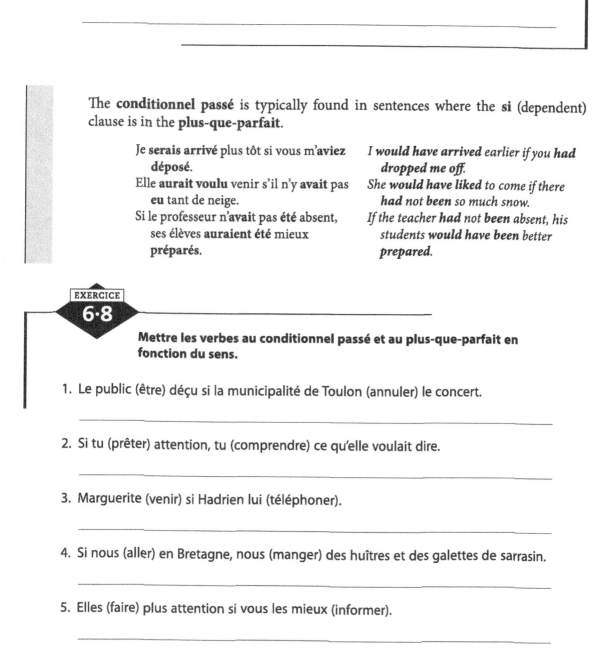

EXERCICE
6·8

**Mettre les verbes au conditionnel passé et au plus-que-parfait en fonction du sens.**

1. Le public (être) déçu si la municipalité de Toulon (annuler) le concert.

_____

2. Si tu (prêter) attention, tu (comprendre) ce qu'elle voulait dire.

_____

3. Marguerite (venir) si Hadrien lui (téléphoner).

_____

4. Si nous (aller) en Bretagne, nous (manger) des huîtres et des galettes de sarrasin.

_____

5. Elles (faire) plus attention si vous les mieux (informer).

_____

The palette of the pasts: The other past tenses    **87**

6. Vous (réussir) votre oral au concours de la fonction publique si vous (travailler) plus sérieusement.

_____

7. Si Céline (mettre) un chapeau et de la crème solaire SPF 80, elle (ne pas attraper) d'insolation.

_____

8. Il (ne pas y avoir) de réchauffement climatique si les hommes (être) plus respectueux de l'environnement.

_____

9. Si William (avoir) un blog, il (pouvoir) participer au buzz autour du film *Avatar*.

_____

10. Si l'association (ne pas obtenir) la subvention, le festival celtique (être annulé).

_____

Like the **conditionnel présent**, the **conditionnel passé** is used as a **conditionnel journalistique** to make a statement not confirmed by authorities. In most cases where English uses a qualifier such as *allegedly* or *reportedly*, the conditional (past or present) will be used. Take a look at the following examples:

| | |
|---|---|
| Le tremblement de terre **aurait fait** des milliers de victimes. | *The earthquake **reportedly killed** thousands of people.* |
| Le traité **aurait été signé** dans la nuit. | *The treaty **was reportedly signed** during the night.* |
| Il **aurait tué** son voisin. | *He **allegedly killed** his neighbor.* |

EXERCICE
6·9

**Mettre les verbes au conditionnel passé journalistique.**

1. Plusieurs prisonniers (s'évader) de la prison de Fleury-Mérogis.

_____

2. Le président (ratifier) le traité avec le Brésil.

_____

3. Le voleur (avouer) son crime.

_____

4. Le choléra (causer) la mort de plusieurs milliers de personnes en Haïti.

_____

5. Les dirigeants du parti (trahir) la confiance des militants.

_____

6. Un cabinet d'architectes américain (construire) le plus haut gratte-ciel du monde à Dubaï.

_____

7. Un brevet (être déposé) pour des vélos en bois et en bambou.

_____

8. Des paysans vietnamiens (inventer) un insecticide à base d'ail, de piment et de gingembre.

_____

9. Le ministre de l'Économie (avoir) une liaison avec une secrétaire d'État.

_____

10. Le chômage (passer) sous la barre des 10% en janvier.

_____

The **conditionnel passé** is also used with **au cas où** (*in case*).

| | |
|---|---|
| Au cas où le rapport n'**aurait** pas **été terminé** vendredi, dites-le-moi. | *In case the report **did not get finished** by Friday, let me know.* |
| Au cas où elle n'**aurait** pas **obtenu** la bourse, ses parents l'aideront. | *In case she **did** not **get** the scholarship, her parents will help her.* |
| Au cas où vous **auriez changé** d'avis, appelez-moi. | *In case you **changed** your mind, call me.* |

**Mettre les verbes entre parenthèses au conditionnel passé.**

1. Au cas où tu (prendre) des photos pendant ton voyage au Japon, montre-les-moi!

   _____

2. Au cas où Yann (échouer) à son examen, il pourrait le repasser le semestre suivant.

   _____

3. Au cas où son manuscrit (être rejeté), elle s'adresserait à un autre éditeur.

   _____

4. Au cas où un accident (avoir lieu), la trousse de premier secours est toujours dans la voiture.

   _____

5. Au cas où ce partenaire (rompre) son engagement, nous avons pris nos dispositions.

   _____

6. Au cas où vous (perdre) votre carte d'identité, vous seriez obligé(e)s d'aller à la préfecture.

   _____

7. Au cas où le rendez-vous (être) reporté, envoyez-moi un mail!

   _____

8. Au cas où il y (avoir) un tremblement de terre, les pompiers étaient prêts à intervenir.

   _____

9. Au cas où tu (ne pas recevoir) de carton d'invitation, appelle-moi!

   _____

10. Au cas où Charlotte (aimer) les mirabelles, Marianne lui en avait préparé plusieurs bocaux.

    _____

**Traduire les phrases suivantes en utilisant *tu* si nécessaire.**

1. You should have informed me.

   _____

2. The new bioethics law was reportedly passed during the night.

   _____

3. We would have stayed if you had asked us to.

   _____

4. If I missed my train, there would be another one two hours later.

   _____

5. Amandine would have been very disappointed if she had not seen the old quarter of Marseille.

   _____

6. We would have liked to meet Isabelle Huppert.

   _____

7. If the daisies had been in bloom, I would have given you a bouquet.

   _____

8. They should have visited the Carnavalet Museum to see Proust's bedroom.

   _____

9. In case the letter would not arrive in time, call me!

   _____

10. You would have been able to buy a *Le Corbusier* armchair if you had not arrived late at the auction.

    _____

# The conditionnel passé deuxième forme

The **conditionnel passé deuxième forme** is used only in literature or in very formal speech. It has the same value and meaning as the regular past conditional you are familiar with. It is formed with the **imparfait du subjonctif** of **avoir** or **être** plus the past participle of the main verb. Again, like the **passé antérieur**, you must be aware of it and understand its meaning when you read literature and historical documents, but it is very unlikely you'll have to use it.

**First form:** Il n'**aurait** pas **perdu** tant
    d'argent s'il avait consulté un expert.
**Second form:** Il n'**eût** pas **perdu** tant
    d'argent s'il avait consulté un expert.

He **would have** not **lost** so much money if
    he had consulted an expert.
He **would have** not **lost** so much money if
    he had consulted an expert.

**aimer** (to love)

| | | | |
|---|---|---|---|
| **j'eusse aimé** | I would have loved | **nous eussions aimé** | we would have loved |
| **tu eusses aimé** | you would have loved | **vous eussiez aimé** | you would have loved |
| **il/elle eût aimé** | he/she would have loved | **ils/elles eussent aimé** | they would have loved |

**aller** (to go)

| | | | |
|---|---|---|---|
| **je fusse allé(e)** | I would have gone | **nous fussions allé(e)s** | we would have gone |
| **tu fusses allé(e)** | you would have gone | **vous fussiez allé(e)s** | you would have gone |
| **il/elle fût allé(e)** | he/she would have gone | **ils/elles fussent allé(e)s** | they would have gone |

---

## EXERCICE 6·12

**Mettre les verbes au conditionnel passé deuxième forme.**

1. rémunérer (vous)

    _____

2. devenir (je)

    _____

3. dénoncer (il)

    _____

4. redouter (vous)

_____

5. entrer (elle)

_____

6. transmettre (tu)

_____

7. avoir honte (ils)

_____

8. accuser (nous)

_____

9. immortaliser (elle)

_____

10. publier (je)

_____

# The subjonctif passé

The **subjonctif passé** is used in the same manner as the **subjonctif présent**. However, the action of the dependent clause is anterior to the action of the main clause. To form the past subjunctive, use the present subjunctive of **avoir** or **être** plus the past participle of the verb.

**faire** (to do)

| | | | |
|---|---|---|---|
| **j'aie fait** | _I have done_ | **nous ayons fait** | _we have done_ |
| **tu aies fait** | _you have done_ | **vous ayez fait** | _you have done_ |
| **il/elle ait fait** | _he/she has done_ | **ils/elles aient fait** | _they have done_ |

**rentrer** (to return)

| | | | |
|---|---|---|---|
| **je sois rentré(e)** | _I have returned_ | **nous soyons rentré(e)s** | _we have returned_ |
| **tu sois rentré(e)** | _you have returned_ | **vous soyez rentré(e)(s)** | _you have returned_ |
| **il/elle soit rentré(e)** | _he/she has returned_ | **ils/elles soient rentré(e)s** | _they have returned_ |

Je suis désolé que vous n'**ayez** pas **pu** nous accompagner.

*I am sorry you **were** not **able** to come with us.*

Ils sont ravis que leur fils **ait gagné** le prix.

*They are delighted their son **won** the prize.*

**Mettre les verbes au subjonctif passé.**

1. Le présentateur doute que cet écrivain (écrire) son livre.

_____

2. Je suis contente que tu (graver) ce CD pour ton frère.

_____

3. Il se peut que Grégoire (se perdre) dans le Quartier latin.

_____

4. Nous sommes désolés que notre partenariat (ne pas se matérialiser).

_____

5. Cécile ne croit pas que les pêcheurs (respecter) les quotas de thon rouge.

_____

6. Il est curieux que le gouvernement (ne pas engager) de hackers pour sécuriser davantage ses données.

_____

7. Je regrette qu'elle (ne pas pouvoir) se libérer.

_____

8. Pourvu qu'elles (réussir) à la convaincre de se faire soigner à l'hôpital.

_____

9. La valeur de Google a flambé après que la société (être introduit) en Bourse.

_____

10. Il est possible que Corentin (vouloir) tourner la page.

_____

11. Êtes-vous étonné qu'Aurélie (agir) seule?

_____

12. Marie est déçue que je lui (ne rien dire).

_____

13. Il est dommage que le mécène (refuser) de soutenir cet artiste talentueux.

_____

14. Il est naturel que les résultats (s'éloigner) des prévisions.

_____

15. Il est étrange que les agriculteurs (utiliser) cet engrais chimique.

_____

16. Le conservateur du musée est furieux qu'un visiteur (tenter) de lacérer _La montagne Sainte-Victoire_ de Cézanne.

_____

17. Je suis surpris qu'Hélène et Bastien (rompre).

_____

18. Il est inimaginable que tu (ne pas obtenir) ce poste.

_____

19. Il aurait été peu convenable que je (ne pas arriver) à l'heure convenue.

_____

20. Nous sommes scandalisés que les patrons (toucher) des salaires si élevés.

_____

# The infinitif passé

The **infinitif passé** (past infinitive) is used to mark anteriority. It is formed with the infinitive of **avoir** or **être** and the past participle of the main verb. For verbs conjugated with **être**, the past participle of the **infinitif passé** agrees with the subject of the sentence.

| | |
|---|---|
| Je m'excuse d'**avoir oublié** votre anniversaire. | *I apologize for **having forgotten** your birthday.* |
| Ils se sont excusés d'**être arrivés** si tard. | *They apologized for **having arrived** so late.* |

The **infinitif passé** often occurs after the preposition **après** (*after*), while the **infinitif présent** follows **avant de** (*before*).

| | |
|---|---|
| Emma sert le café avant de **laver** la vaisselle. | *Emma serves the coffee before **washing** the dishes.* |
| Emma sert le café après **avoir lavé** la vaisselle. | *Emma serves the coffee after **washing** the dishes.* |
| Il fait la sieste avant d'**aller** chez le dentiste. | *He takes a nap before **going** to the dentist.* |
| Il fait la sieste après **être allé** chez le dentiste. | *He takes a nap after **going** to the dentist.* |

EXERCICE

6·14

**Mettre les verbes à l'infinitif passé en changeant *avant* par *après*.**

1. Il a appelé son secrétaire avant d'inventorier sa marchandise.

   _____

2. Daphné est devenue mannequin avant d'avoir son bac.

   _____

3. L'université exige que les étudiants passent plusieurs entretiens avant de leur accorder une bourse.

   _____

4. L'entreprise va réaménager les services avant de créer une nouvelle filiale.

   _____

5. Nous pourrons accueillir Paul avant de faire les travaux dans notre salle multimédia.

   _____

6. Ce candidat à la présidentielle devra peaufiner son programme avant de participer au débat télévisé.

   _____

7. Danone lancera ce nouveau lait en poudre pour bébés avant de faire une étude sur les pays asiatiques.

   _____

8. J'ai fait un don à *Médecins Sans Frontières* avant de payer mes impôts.

   _____

9. Tu avais le vertige avant de t'approcher du bord du précipice.

   _____

10. Le groupe France Télévisions lancera une nouvelle chaîne de télévision pour les adolescents avant de conquérir le marché des enfants.

    _____

# Come together

## Comprehensive exercises

---

**EXERCICE**

**7·1**

**Mettre les verbes entre parenthèses au passé composé.**

1. Je toujours (vivre) dans cette maison au milieu des champs de colza.

   _____

2. Les enfants (peindre) leur autoportrait pour l'offrir à leurs parents.

   _____

3. Vous (acquérir) une bonne réputation auprès de vos supérieurs grâce à votre sérieux.

   _____

4. Violette, quand nous (ne pas te voir), nous (craindre) le pire.

   _____

5. Le concert de musique baroque te (plaire)?

   _____

6. Il (pleuvoir) pendant tout le match de rugby.

   _____

7. Benoît (lire) tout Confucius.

   _____

8. L'envie (ne luire) qu'un bref instant dans ses yeux.

   _____

9. Ludovic (présenter) les intervenants de la conférence, puis il (se taire).

_____

10. Le lion (tuer) l'antilope en lui plantant ses crocs dans la gorge.

_____

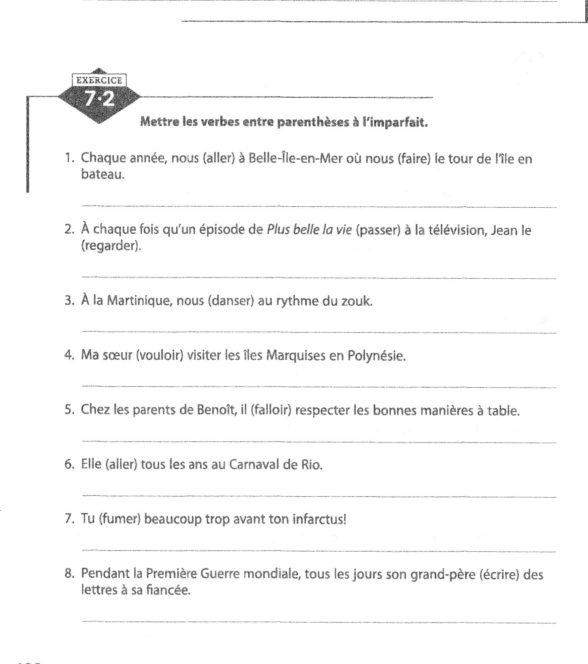

**Mettre les verbes entre parenthèses à l'imparfait.**

1. Chaque année, nous (aller) à Belle-Île-en-Mer où nous (faire) le tour de l'île en bateau.

_____

2. À chaque fois qu'un épisode de *Plus belle la vie* (passer) à la télévision, Jean le (regarder).

_____

3. À la Martinique, nous (danser) au rythme du zouk.

_____

4. Ma sœur (vouloir) visiter les îles Marquises en Polynésie.

_____

5. Chez les parents de Benoît, il (falloir) respecter les bonnes manières à table.

_____

6. Elle (aller) tous les ans au Carnaval de Rio.

_____

7. Tu (fumer) beaucoup trop avant ton infarctus!

_____

8. Pendant la Première Guerre mondiale, tous les jours son grand-père (écrire) des lettres à sa fiancée.

_____

9. Tous les matins, vous (se rendre) au marché, puis au cimetière.

_____

10. Dans l'Égypte antique, on (cultiver) le papyrus pour fabriquer du papier.

_____

EXERCICE
7·3

**Mettre les verbes entre parenthèses à l'imparfait ou au passé composé en fonction du sens.**

1. Emma (être) sur la crête des dunes quand elle (apercevoir) un troupeau de dromadaires.

_____

2. Dany (flâner) à Montréal le long du Canal Lachine quand il (voir) le Mont-Royal.

_____

3. Nous (faire) le tour de l'Île-de-Bréhat quand nous (passer) tout près du phare Ar-Men.

_____

4. Aubépine (visiter) la Medersa de Marrakech lorsqu'elle (remarquer) un vol de cigognes.

_____

5. Stéphane (lire) un livre de Maryse Condé quand un groupe d'enfants (faire irruption) dans son jardin.

_____

6. Je (traverser) les Ardennes en voiture quand je (voir), au loin, un champ de coquelicots.

_____

7. Ils (descendre) le fleuve en pirogue quand des crocodiles (surgir) d'une forêt de palétuviers.

8. Nous (se promener) dans Sadec, le village de Duras au Vietnam quand un journaliste australien nous (aborder).

9. Julie (acheter) de la soie rue Auguste Comte à Lyon quand une de ses amies (entrer) dans la boutique.

10. Alain Mabanckou, l'écrivain congolais, (être) en Californie quand il (apprendre) qu'il avait remporté le Prix Renaudot.

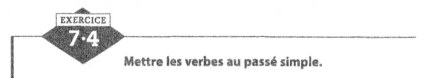

EXERCICE
7·4

**Mettre les verbes au passé simple.**

1. En France, la peine de mort (être) abolie en 1981.

2. Colbert (concevoir) le Canal du Midi qui relie la Garonne à la mer Méditerranée et ainsi l'Atlantique à la Méditerranée.

3. Balzac (vivre) à Passy, aujourd'hui le 16ème arrondissement, de 1840 à 1847, sous le pseudonyme de M. de Breugnol.

4. Le PACS (Pacte Civil de Solidarité) (être) créé en 1999.

5. En 1913, Matisse au Maroc (peindre) *Zohra sur la terrasse*.

6. Marguerite Duras (publier) *L'Amant* en 1984 et (recevoir) le Goncourt.

_____

7. La Passerelle Simone de Beauvoir, qui relie les rives du 12ème et 13ème arrondissements, (enjamber) la Seine pour la première fois en janvier 2006.

_____

8. Jeanne d'Arc (être) brûlée au bûcher à Rouen le 30 mai 1431.

_____

9. Son roman *Haïti Kenbé la!* (jouir) d'un grand succès.

_____

10. La célébration des 150 ans de l'abolition de l'esclavage en France (avoir lieu) en 1998.

_____

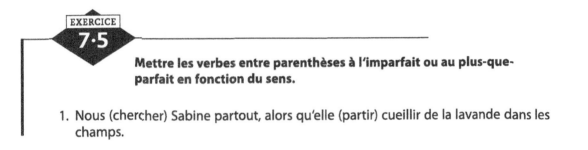

EXERCICE
7·5

**Mettre les verbes entre parenthèses à l'imparfait ou au plus-que-parfait en fonction du sens.**

1. Nous (chercher) Sabine partout, alors qu'elle (partir) cueillir de la lavande dans les champs.

_____

2. Je (circuler) toujours à moto dans Paris, mais après l'accident Place de la Concorde, j'ai décidé que la moto, ce (ne pas être) pour moi.

_____

3. Vincent (voir) le film *Hôtel du Nord* et il (vouloir) descendre à l'hôtel où (dormir) Louis Jouvet.

_____

4. Dali (avoir) beaucoup de muses et d'égéries au cours de sa vie, mais quand il rencontra Gala, ce fut le coup de foudre, et il (aller) l'aimer à la folie.

_____

5. Ils (explorer) La Nouvelle-Calédonie et maintenant ils (naviguer) vers l'Australie.

_____

6. L'Île Maurice (abriter) le dodo pendant des siècles, mais l'oiseau (ne pas pouvoir) voler et il n'a pas résisté à l'arrivée de l'homme.

_____

7. Nous (se promener) le long du canal Saint-Martin, qui (être créé) par Napoléon.

_____

8. Le 1er mai 1886, des manifestations de travailleurs américains (permettre) d'obtenir la journée de huit heures. Quelques années plus tard, les Européens (aller) créer la fête du travail.

_____

9. Je (appeler) et (appeler)... Marc et Sylvia, mais ils (partir) faire du vélo sur la promenade plantée, installée sur l'ancien Viaduc de Paris, construit en 1859, et rebaptisé le Viaduc des Arts.

_____

10. Amélie (ne pas connaître) le festival panafricain de cinéma et de la télévision de Ouagadougou, mais elle (voir) *Moolaadé*, le dernier film d'Ousmane Sembène.

_____

EXERCICE
7·6

**Mettre les verbes entre parenthèses au plus-que-parfait ou conditionnel passé en fonction du sens.**

1. Si seulement il y (avoir) une sortie de secours!

_____

2. Au cas où ton cadeau lui (ne pas plaire), garde le ticket de caisse.

_____

3. Si seulement le metteur en scène (être) plus patient!

_____

4. Au cas où la population mondiale trop (augmenter) d'ici 2100, les conséquences seraient désastreuses, tant écologiques qu'alimentaires.

_____

5. Si seulement je (pouvoir) aller à l'exposition Niki de Saint Phalle au château de Malbrouck!

_____

6. Au cas où tu (ne pas aller) au Festival international du film de Berlin, nous pourrions suivre la Berlinale sur ARTE.

_____

7. Si seulement ce salarié (ne pas subir) autant de pression de la part de ses supérieurs!

_____

8. Au cas où il (se mettre) à pleuvoir, mon parapluie est toujours dans mon sac.

_____

9. Si seulement vous (ne pas oublier) votre iPhone!

_____

10. Au cas où la manifestation (dégénérer), la police avait mis en place un important dispositif de sécurité.

_____

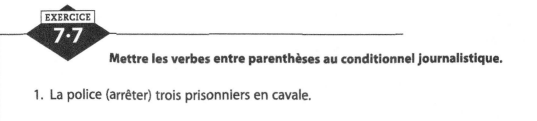

EXERCICE
**7·7**

**Mettre les verbes entre parenthèses au conditionnel journalistique.**

1. La police (arrêter) trois prisonniers en cavale.

_____

2. Le témoin (se rétracter) devant les juges.

_____

3. Le président brésilien (avoir) une rencontre secrète avec le président chinois.

_____

4. Le leader syndical (inciter) les ouvriers à faire grève.

_____

5. Catherine Deneuve (faire) une cure thermale à Quiberon.

_____

6. Il y (avoir) ingérence de l'État dans le contenu des médias.

_____

7. Ses parents lui (acheter) une Twingo vert pomme.

_____

8. Alexandre Jardin (vendre) beaucoup de livres au printemps.

_____

9. Les hirondelles (migrer) beaucoup plus tôt cette année en raison du froid précoce.

_____

10. Le professeur de français (donner) un examen surprise dans sa classe ce matin.

_____

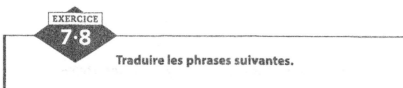

**Traduire les phrases suivantes.**

1. We used to write to each other regularly.

_____

2. Sara and Youssef arrived at noon, and they had lunch in a French restaurant.

_____

3. Sara almost fainted when she saw the bill.

_____

4. I took the empty bottles down to the basement.

_____

5. We were driving when suddenly it started to snow.

_____

6. What about going to India next winter?

_____

7. We never had thought he would become president.

_____

8. When they arrived at the artist's studio, she had already left.

_____

9. I would have never said this to him. He is so sensitive.

_____

10. Like many writers, he will have lived in poverty.

_____

# The past awakening

## Sampling of past tenses and translation obstacles in French literature

The purpose of the following excerpts, some exemplifying the quintessential, breathtaking virtuosity of French writing, is to move you profoundly, perhaps even spark a desire to look for the works quoted, and let you embark on a pilgrimage throughout the infinitely rich world of French literature. What sets French writers apart is their extraordinary ability to attain a unique balance of intellectual depth and technical virtuosity. Furthermore, they are never intimidated by metaphysical challenges.

A case in point is the mysterious being of time, which writers literally conjure up, particularly in prose, knowing that the many modalities of time add contrapuntal richness, texture, and depth to any narrative. While the past, for example, may be as incomprehensible as time itself, language—and particularly the French language—provides some keys, grammatical tenses, which enable us to differentiate, rationally and at a visceral level, between the various ways a person or an event can exist in the past.

Moving beyond any rational or grammatical rules, French writers, emulating the interplay of melody and harmony in music, use tenses to express perceptible and imperceptible nuances within a defined temporal framework. For example, there are times when the spirit of the narrative requires the **passé simple**, to indicate a clearly perceived, singular past event, but the narrative can inexplicably veer into the **imparfait**, without any obvious justification. In other words, although these two tenses describe two distinct modalities of the past, there are times when they intersect, leaving it to the writer's intuition to decide when a simple fact belongs to the simple past, and when it is better described by the somewhat ambivalent **imparfait**.

It is not a coincidence that time figures so prominently in French literature and philosophy, for the French spirit has a privileged rapport with time. Unlike their counterparts in other Western traditions, who have approached time as an intellectual problem, French writers have understood that only lived experience can unlock the portal of time. Brilliant exponents of this conception of time include Marcel Proust, Henri Bergson, and Vladimir Jankélévitch, who wrote that not only is time our essence, but we human beings are its incarnation. Therefore, by reading and experiencing these literary fragments, by incorporating them into your own lived experience, you will not only improve your knowledge of the language but also experience the tremendous power of literature to illuminate crucial realms of life that in the cold light of everyday banality appear hopelessly distant and inaccessible. Thinking about the mystery of time may not reward you with scientific insights, but it will change your life.

Read aloud these excerpts over and over. Write them in a small notebook, and try and memorize some of them to enjoy the delicious taste of tenses.

## À 95 ans, il tire encore

À Marseille, un nonagénaire **soupçonnait** son voisin septuagénaire qui lui **rendait** quelques services dans son pavillon de lui **avoir dérobé** de l'argent dissimulé sous un matelas. L'explication **se termina** devant le canon d'un fusil: le vieux **tira** sur le plus jeune et lui **plomba** le bras et une main. Le vieux fusil de 95 ans **a été retrouvé** dans une maison de retraite de la banlieue marseillaise et **placé** en garde à vue.

—*Libération*, 5 mai 2003

§

Pendant un quart d'heure, l'Enquêteur **resta** immobile, bien droit, sa valise posée à côté de lui tandis que les gouttes de pluie et les flocons de neige **continuaient** de mourir sur son crâne et son imperméable. Il ne **bougea** pas. Pas du tout. Et durant ce moment, il ne **pensa** à rien.

Aucune voiture n'**était passée**, aucun piéton. On l'**avait oublié**. Ce n'**était** pas la première fois.

—Philippe Claudel, *L'Enquête*, Stock (2010)

§

Elle **est morte** bien avant ma naissance, quelques années après le mariage de mes parents.

Je ne **connaissais** d'elle qu'une photographie couleur sépia signée Cattan, le meilleur artiste de l'époque. Posée sur le dessus du piano où je **faisais** mes gammes, la femme qu'elle **représentait** portait une robe ornée d'un large col de dentelle, ce qui lui **donnait** l'air d'une écolière.

—Maryse Condé, *Victoire, les saveurs et les mots,*
Mercure de France (2006)

§

J'**avais décidé** de rentrer à pied impasse de l'Astrolabe. Je n'**avais** pas **dîné**. J'**avalai** une crêpe brûlante dans une guitoune en plein air à l'angle du boulevard Raspail. Il **devait** être onze heures du soir. Les Parisiens **étaient** encore nombreux dans les rues. Tous n'**avaient** pas **remisé** leurs manteaux mais ils **marchaient** sans hâte et bien droits, libérés du poids de l'hiver. Les femmes **portaien**t des robes de demi-saison. Une fois ou deux, je **reconnus** Jardins de Bagatelle.

—Eric Fottorino, *Baisers de cinéma,*
@ Éditions Gallimard (2007)

§

Le samedi 29 janvier, le cortège nuptial **quitta** à six heures du soir le manoir des Siloé. Il **avait** trois cents mètres environ à parcourir jusqu'à l'église. Une double haie l'**attendait** depuis la fin de l'après-midi. Une clameur mêlée d'applaudissements **accueillit** Hadriana au bras de son père.

— Vive la mariée! Bravo Nana!

De toutes parts **fusaient** des fleurs, des confettis, des serpentines, des cris d'admiration (oh la sacrée jolie fille!). Sur le côté est de la place, elle **avançait**, élancée, romantique, sensuellement fluide dans ses voiles blancs.

—René Depestre, *Hadriana dans tous mes rêves,*
@ Éditions Gallimard (1988)

§

Elle **se dirigeait** vers un centre commercial qui **venait** d'être ouvert dans un quartier chic. Elle **s'enfonçait** dans un univers de voitures de luxe, de magasins branchés, de blocs d'appartements cossus. Elle **détonnait** de plus en plus dans cet environnement, mais cela ne la **troublait** pas. Elle **avait** du soleil dans les yeux. À l'entrée du centre commercial, un garde de sécurité l'**avait arrêtée**. En s'approchant, Subha **avait entendu** le garde lui demander si elle **avait** une carte de crédit.

—Ananda Devi, *Indian Tango*,
@ Éditions Gallimard (2007)

§

C'était l'été sans doute. Les vacances **étaient** déjà **commencées**. Il **avait couché** son vélo dans l'herbe toute brûlée par la chaleur du soleil. Peut-être **attendait**-il allongé sur le sol ou bien se **tenait**-il assis sur le ponton, les jambes se balançant au-dessus du courant très lent. À perte de vue, le grand ciel bleu du beau temps **recouvrait** le monde. Il **regardait** descendre vers lui le signe en forme de croix de la carlingue et des ailes. Lorsque l'avion **heurtait** l'eau, le choc le **ralentissait** net.

—Philippe Forest, *Le siècle des nuages*,
@ Éditions Gallimard (2010)

§

Ce jour-là, parce que je **me sentais** un brin fiévreux, je **suis rentré** plus tôt que d'ordinaire. Il ne **devait** pas être dix-sept heures quand le tram m'**a déposé** dans ma rue, un sac de provisions à chaque bras. Il est rare que je me trouve si tôt chez moi pendant la semaine, aussi **ai**-je **eu** l'impression d'y entrer par effraction.

—Éric Faye, *Nagasaki*, Stock (2010)

§

L'aviateur **avait** des bras immenses, des bras enveloppants, deux ailes chaudes où je tremblais. L'aviateur n'**avait** que moi à aimer—**disait**-il. Il **prétendait** aussi que j'**étais** la seule, la seule à l'aimer.

 *Seule? Sans blague...*

—Gilles Leroy, *Alabama Song*,
Mercure de France (2007)

§

Pendant quatre jours et quatre nuits, il **avait** violemment plu. La terre **avait tremblé** au nord de Yuorma le jour où la tornade **prit** fin. Personne n'**avait quitté** sa maison pendant la tornade, ce qui **rendit** la catastrophe du séisme plus meurtrière: la radio nationale **annonça** trois cents morts, deux mille blessés et d'innombrables sans-abri.

—Sony Labou Tansi, *La vie et demie*, Le Seuil (1979)

§

La première séance de cinéma au monde **eut** lieu au mois de décembre 1895 à Paris, boulevard des Capucines, dans le salon indien du Grand Café. Un an seulement plus tard, le cinéma **arriva** en Égypte. La première projection **eut** lieu en novembre 1896 à Alexandrie, dans la salle possédée par un Italien qui **s'appelait** Dillo Astrologo. Ce **fut** un événement extraordinaire dans la vie des Égyptiens et des résidants en Égypte et le journaux de l'époque **étaient** pleins de commentaires enthousiastes sur la nouvelle invention.

—Alaa el Aswany, *J'aurais voulu être égyptien*,
Actes Sud (2009)

§

Quand je **fréquentais** l'école primaire, je **plongeais** avec enthousiasme ma plume dans l'encrier du pupitre. Je **prenais** le temps de contempler la goutte de liquide noir ou bleu. Je la **regardais** comme le Créateur **a** probablement **regardé** le néant au moment où il **se disposait** à en faire un univers. J'**étais** un peu comme lui. J'**allais** donner vie, grâce au bout de ma plume, à un chat, à une peuplade, à un adjectif ou à une périphrase.

—Gilles Lapouge, *L'encre du voyageur*,
Albin Michel (2007)

§

L'homme **se dirigea** vers le rideau noir et le **tira** d'un seul coup. Entourée d'un cadre en bois noir, une photographie y **était** accrochée: une femme jeune, jolie, en robe brodée traditionnelle, **tenait** par la main une fillette d'au plus trois ans. L'une et l'autre **souriaient** vaguement à l'objectif. L'image en noir et blanc **était** tellement agrandie que les contours des visages en **devenaient** flous, comme tracés par un crayon de fusain argentique.

—Anouar Benmalek, *Le rapt*, Fayard (2009)

§

Cosmétique, l'homme **se lissa** les cheveux avec le plat de la main. Il **fallait** qu'il **fût** présentable afin de rencontrer sa victime dans les règles de l'art.

Les nerfs de Jérôme Angust **étaient** déjà à vif quand la voix de l'hôtesse **annonça** que l'avion, en raison de problèmes techniques, **serait retardé** pour une durée indéterminée.

« Il ne **manquait** plus que ça », **pensa**-t-il.

Il **détestait** les aéroports et la perspective de rester dans cette salle d'attente pendant un laps de temps pas même précisé l'**exaspérait**. Il **sortit** un livre de son sac et **s'y plongea** rageusement.

—Amélie Nothomb, *Cosmétique de l'ennemi*,
Albin Michel (2001)

§

L'enfant va voir vers le bar, elle n'entre pas bien sûr, elle va sur l'autre pont. Là il n'y a personne. Les voyageurs sont à bâbord pour guetter l'arrivée du vent de la haute mer.

De ce côté-là du navire il y a seulement un très jeune homme. Il est seul. Il **est accoudé** au bastingage. Elle passe derrière lui. Il ne se retourne pas sur elle. Il ne l'**a** sans doute pas **vue**. C'est curieux qu'à ce point il ne l'**ait** pas **vue**.

Elle non plus n'**a** pas **pu** voir son visage, mais elle se souvient de ce manque à voir de son visage comme d'un manque à voir du voyage. Oui, c'est bien ça, il **portait** une sorte de blazer. Bleu. À rayures blanches. Un pantalon du même bleu il **portait** aussi, mais uni.

—Marguerite Duras, *L'Amant de la Chine du Nord*,
@ Éditions Gallimard (1991)

§

Ce jour-là, je **suis rentré** plus tôt. Tu m'**attendais** sur le trottoir. Tu **faisais** les cent pas devant la porte de l'immeuble. Quand tu m'**as vu** arriver, tu **as souri** de tout ton corps. Je t'**ai demandé** ce qu'il se passait, ce que tu faisais dehors. Tu **n'as** rien **répondu**. Tu m'**as serré** dans tes bras et j'**ai senti** que tu **pleurais**. Je n'oublierai jamais cette étreinte baignée de pleurs et de sourires. Tu m'**as murmuré** à l'oreille que ça y **était**, que la maison d'édition **venait** d'appeler, qu'ils **avaient lu** mes poèmes et **voulaient** les publier.

—Laurent Gaudé, *Dans la nuit Mozambique*,
Babel (2007)

§

Je **naquis** donc en mars 1705, le premier des fils de Suzanne Rousseau. Quelques jours après cet heureux événement Isaac Rousseau, mon père, **s'enfuit** sans mot dire. Il **quitta** ma mère, Genève et l'Europe dans un seul et même mouvement. Il ne **manquait** pas de courage, puisque, pour bien marquer son éloignement, il **s'en fut** jusque dans les faubourgs de Constantinople.

—Stéphane Audeguy, *Fils unique*,
@ Éditions Gallimard (2006)

§

L'inspecteur Azémar **ouvrit** la portière pour prendre à nouveau place sur le siège avant. Il **indiqua** la nouvelle adresse où il **comptait** se rendre. Le chauffeur **démarra** sans dire un mot. Ils **se retrouvèrent** bien vite dans la chaleur suffocante des embouteillages. Le cerveau de l'inspecteur **fonctionnait** tant bien que mal.

—Gary Victor, *Saison de porcs*,
Mémoire d'encrier (2009)

§

— Tu as **oublié**?
— J'ignore ce qui m'**est arrivé**, aujourd'hui. Jamais je n'**ai connu** cette impression-là auparavant, pas même lorsque nous **avons perdu** notre maison. J'**étais** comme dans les vapes et j'**errais** comme ça, à l'aveuglette, incapable de reconnaître les rues que j'**arpentais** de long en large sans parvenir à les traverser. Vraiment bizarre. J'**étais** dans une sorte de brouillard, je n'**arrivais** ni à me souvenir de mon chemin ni à savoir où je **voulais** aller.

—Yasmina Khadra, *Les hirondelles de Kaboul*,
Julliard (2002)

§

Ma chance **fut** de me trouver, un matin, place du Réghistan. Une caravane **passait**, une caravane courte; elle ne **comptait** que six ou sept chameaux de Bactriane, à la fourrure épaisse, aux sabots épais. Le vieux chamelier s'était arrêté, non loin de moi, devant l'échoppe d'un potier, retenant contre sa poitrine un agneau nouveau-né; il **proposait** un échange, l'artisan **discutait**; sans éloigner ses mains de la jarre ni du tour, il **indiquait** du menton une pile de terrines vernissées.

—Amin Maalouf, *Samarcande*, Lattès (1988)

§

The past awakening: Past tenses and translation obstacles in French literature   **115**

Moi, je **suis resté** gringalet malgré les plats de semoule et de fécule que certains compatriotes **avaient jugé** utile de me recommander dès mon arrivée en France dans l'espoir que ce corps étique **prendrait** quelques kilos et **cesserait** de ternir l'image que le pays **se faisait** des Parisiens, les vrais: des hommes joufflues, à la peau claire et à l'allure élégante.

—Alain Mabanckou, *Bleu blanc rouge*,
Présence Africaine (1998)

§

Un jour, **j'avais** sept ans, mon grand-père n'y **tint** plus: il me **prit** par la main, annonçant qu'il m'**emmenait** en promenade. Mais, à peine **avions**-nous **tourné** le coin de la rue, il me **poussa** chez le coiffeur en me disant: « Nous allons faire une surprise à ta mère ». J'**adorais** les surprises. Il y en **avait** tout le temps chez nous. [...]. Bref les coups de théâtre **faisaient** mon petit ordinaire et je **regardai** avec bienveillance mes boucles rouler le long de la serviette blanche qui me **serrait** le cou et tomber sur le plancher, inexplicablement ternies; je **revins** glorieux et tondu.

Il y **eut** des cris mais pas d'embrassements et ma mère **s'enferma** dans sa chambre pour pleurer: on **avait troqué** sa fillette contre un garçonnet.

—Jean-Paul Sartre, *Les mots*,
@ Éditions Gallimard (1964)

§

Comme il **faisait** une chaleur de trente-trois degrés, le boulevard Bourdon **se trouvait** absolument désert. Plus bas le canal Saint-Martin, fermé par les deux écluses **étalait** en ligne droite son eau couleur d'encre. Il y **avait** au milieu, un bateau plein de bois, et sur la berge deux rangs de barriques. Au-delà du canal, entre les maisons que séparent des chantiers le grand ciel pur **se découpait** en plaques d'outremer, et sous la réverbération du soleil, les façades blanches, les toits d'ardoises, les quais de granit **éblouissaient**. Une rumeur confuse **montait** du loin dans l'atmosphère tiède; et tout **semblait** engourdi par le désœuvrement du dimanche et la tristesse des jours d'été. Deux hommes **parurent**. L'un **venait** de la Bastille, l'autre du Jardin des Plantes. Le plus grand, vêtu de toile, **marchait** le chapeau en arrière, le gilet déboutonné et sa cravate à la main. Le plus petit, dont le corps **disparaissait** dans une redingote marron, **baissait** la tête sous une casquette à visière pointue. Quand ils **furent arrivés** au milieu du boulevard, ils **s'assirent** à la même minute, sur le même banc. Pour s'essuyer le front, ils **retirèrent** leurs coiffures, que chacun **posa** près de soi; et le petit homme **aperçut** écrit dans le chapeau de son voisin: Bouvard; pendant que celui-ci **distinguait** aisément dans la casquette du particulier en redingote le mot: Pécuchet.

—Gustave Flaubert, *Bouvard et Pécuchet* (1881)

§

Port-au-Prince, c'est une autre odeur. C'est l'odeur de la gasoline, de ses milliers de voitures qui chaque jour encombrent la ville. Et quand le soir, les voitures **se retiraient**, Port-au-Prince autrefois **avait** l'odeur d'ilang-ilang et de jasmin. C'est aussi l'odeur du parfum très bon marché qu'on **appelait** Florida et que les jeunes filles des quartiers populaires **portaient**. Cette odeur-là aussi m'habite. Et j'aime beaucoup parce que c'est les bouteilles de parfum qu'on **mettait** aussi dans les petits oratoires pour le voudou. C'est très parfumé. Le voudou, c'est une religion très parfumée.

—Dany Laferrière, entretien réalisé par
Annie Heminway (2009)

§

As you will see in the following excerpt, the **passé composé** punctuates a narrative that takes the reader into a cold, stark, and indifferent world. A sequence of events is presented, and there seems to be no room for any feelings.

In *L'Étranger* by Camus, the **passé composé** is the basic tense of the novel to underline the loneliness of the characters and the scene. The words exchanged are banal, automatic, and empty. In an absurd world, the character Meursault lives the moment without a real notion of past and future. Later, the **imparfait** will be used to describe Meursault's perceptions.

**J'ai pris** l'autobus à deux heures. Il **faisait** très chaud. **J'ai mangé** au restaurant, chez Céleste, comme d'habitude. Ils **avaient** tous beaucoup de peine pour moi et Céleste m'a dit: « On n'a qu'une mère. » Quand je **suis parti**, ils m'**ont accompagné** à la porte. J'**étais** un peu étourdi parce qu'il **a fallu** que je monte chez Emmanuel pour lui emprunter une cravate noire et un brassard. Il **a perdu** son oncle, il y a quelques mois.

**J'ai couru** pour ne pas manquer le départ. Cette hâte, cette course, c'est à cause de tout cela sans doute, ajouté aux cahots, à l'odeur d'essence, à la réverbération de la route et du ciel, que je **me suis assoupi**. **J'ai dormi** pendant presque tout le trajet. Et quand je me **suis réveillé**, j'**étais tassé** contre un militaire qui m'**a souri** et qui **a demandé** si je **venais** de loin. **J'ai dit** « oui » pour n'avoir plus à parler. L'asile est à deux kilomètres du village. **J'ai fait** le chemin à pied. **J'ai voulu** voir maman tout de suite. Mais le concierge m'a **dit** qu'il **fallait** que je rencontre le directeur. Comme il **était occupé**, j'ai **attendu** un peu. Pendant tout ce temps, le concierge **a parlé** et ensuite, j'**ai vu** le directeur: il m'a **reçu** dans son bureau. C'**était** un petit vieux, avec la Légion d'honneur. Il m'a **regardé** de ses yeux clairs. Puis il m'a **serré** la main qu'il **a gardée** si longtemps que je ne **savais** trop comment la retirer. Il **a consulté** un dossier et m'a **dit**: « Mme Meursault **est entrée** ici il y a trois ans. Vous **étiez** son seul soutien. » J'**ai cru** qu'il me **reprochait** quelque chose et j'**ai commencé** à lui expliquer. Mais il m'**a interrompu**: « Vous n'avez pas à vous justifier, mon cher enfant. J'**ai lu** le dossier de votre mère. [...] »

As far as translation is concerned, Camus has been a challenge for translators all over the world. Stuart Gilbert translated the novel in 1946, four years after the publication. Gilbert's translation had a very formal tone not in synch with Camus, influenced by Hemingway, Dos Passos, who had admitted using an American method for the first part of his book. Other translations were published; then in 1988, Matthew Ward, a thirty-seven-year-old New Yorker, a graduate of Stanford University, and a brilliant translator and poet, decided to undertake the translation of the book he had admired for years. Forty-two years after Gilbert, twenty-six years after the independence of Algeria, Matthew Ward had another perception of the world, and he knew he had to Americanize *L'Étranger* to be truthful to Camus.

Here's an example: At one point, the main character, Mersault, observes: **Il *était* avec son chien.** Gilbert, in a conventional manner added an adverbial phrase, stressing the British relationship between man and animal: *As usual, he **had** his dog with him.* Ward, in a straightforward manner said: *He **was** with his dog,* conveying the way a person would be with a friend and a clear picture of the world through Meursault's eyes. Here the tenses remain the same but the verb has changed. Students and faculty should take *L'Étranger* and compare both translations. It is a feast for the language lovers.

§

What could be further from the precise, austere, almost clinical prose of *L'Étranger* than the richly textured, multifaceted, almost synaesthetic nature of Gustave Flaubert's writing?

Marcel Proust was fascinated by the way Gustave Flaubert used the tenses and was convinced he was the precursor of the **Nouveau Roman**, a new exploration of the novel in the mid-1950s. In the ***Nouvelle Revue Française*** of January 1920, Proust said:

... dans *L'Éducation sentimentale*, la révolution est accomplie; ce qui jusqu'à Flaubert était action devient impression. Les choses ont autant de vie que les hommes, car c'est le raisonnement qui après coup assigne à tout phénomène visuel des causes extérieures, mais dans l'impression première que nous recevons cette cause n'est pas impliquée.

For Proust, Flaubert's sentences are exceptional because of their rhythmic value and the bold usage of tenses. Note the mélange of tenses in this passage:

Il **voyagea**.

Il **connut** la mélancolie des paquebots, les froids réveils sous la tente, l'étourdissement des paysages et des ruines, l'amertume des sympathies interrompues.

Il **revint**.

Il **fréquenta** le monde, et il **eut** d'autres amours, encore. Mais le souvenir continuel du premier les lui **rendait** insipides; et puis la véhémence du désir, la fleur même de la sensation **était perdue**. Ses ambitions d'esprit **avaient** également **diminué**. Des années **passèrent**; et il **supportait** le désœuvrement de son intelligence et l'inertie de son cœur.

—Flaubert, *L'Éducation sentimentale* (1869)

Sometimes, Flaubert mixes his **éternels imparfaits** (that are supposed to transmit not only the words of his characters but also their lives) and other past tenses with the present. The sudden **découvre** casts a light on the sea, **on a réalité plus durable**. You can imagine the challenge it has been for the numerous translators of this work.

C'**était** une maison basse, à un seul étage, avec un jardin rempli de buis énormes et une double avenue de châtaigniers montant jusqu'au haut de la colline, d'où l'on découvre la mer.

— « Je vais m'asseoir là, sur un banc, que j'**ai appelé**: le banc Frédéric. »

Puis elle **se mit** à regarder les meubles, les bibelots, les cadres, avidement, pour les emporter dans sa mémoire. Le portrait de la Maréchale **était** à demi **caché** par un rideau. Mais les ors et les blancs, qui **se détachaient** au milieu des ténèbres, l'**attirèrent**.

In *L'affaire Lemoine*, Proust will publish an interesting pastiche of Flaubert, juggling all kinds of tenses and the direct and indirect speech.

And to close with one of the most beautiful pieces of literature, rich in past tenses, the feverish scene with Emma Bovary in the ballroom:

Charles **vint** l'embrasser sur l'épaule.

— Laisse-moi! dit-elle, tu me chiffonnes.

On **entendit** une ritournelle de violon et les sons d'un cor. Elle **descendit** l'escalier, se retenant de courir. Les quadrilles **étaient** commencés. Il **arrivait** du monde. On **se poussait**. Elle **se plaça** près de la porte, sur une banquette.

Quand la contredanse **fut finie**, le parquet **resta** libre pour les groupes d'hommes causant debout et les domestiques en livrée qui **apportaient** de grands plateaux. Sur la ligne des femmes assises, les éventails peints **s'agitaient**, les bouquets **cachaient** à demi le sourire des visages, et les flacons à bouchon d'or **tournaient** dans des mains entrouvertes dont les gants blancs **marquaient** la forme des ongles et **serraient** la chair au poignet. Les garnitures de dentelles, les broches de diamants, les bracelets à médaillon **frissonnaient** aux corsages, **scintillaient** aux poitrines, **bruissaient** sur les bras nus. Les chevelures, bien collées sur les fronts et tordues à la nuque, **avaient**, en couronnes, en grappes ou en rameaux, des myosotis, du jasmin, des fleurs de grenadier, des épis ou des bleuets. Pacifiques à leurs places, des mères à figure renfrognée **portaient** des turbans rouges.

Le cœur d'Emma lui **battit** un peu lorsque, son cavalier la tenant par le bout des doigts, elle **vint** se mettre en ligne et **attendit** le coup d'archet pour partir. Mais bientôt l'émotion **disparut**; et, se balançant au rythme de l'orchestre, elle **glissait** en avant, avec des mouvements légers du cou. Un sourire lui **montait** aux lèvres à certaines délicatesses du violon, qui **jouait** seul, quelquefois, quand les autres instruments **se taisaient**; on **entendait** le bruit clair des louis d'or qui **se versaient** à côté, sur le tapis des tables; puis tout **reprenait** à la fois, le cornet à pistons **lançait** un éclat sonore, les pieds **retombaient** en mesure, les jupes **se bouffaient** et **frôlaient**, les mains **se donnaient**, **se quittaient**; les mêmes yeux, s'abaissant devant vous, **revenaient** se fixer sur les vôtres.

—Flaubert, *Madame Bovary* (1857)

§

You are now ready to appreciate all the nuances of the past tenses, to use them with confidence when you're speaking French, and to discern their expressive power when you're savoring a novel, perusing an elegant magazine, deciphering a philosophical essay, reading a meticulously written newspaper article, or drinking in the cadences of a magnificent poem.

# Answer key

## 1 Yesterday . . . The **passé composé**

**1·1**
1. Nous avons parlé de notre prochain voyage aux Galapagos.
2. Lucie a proposé à Antoine d'aller au cinéma.
3. Tu as trouvé la fève dans ta part de galette des rois. Tu es la reine!
4. Vous avez apporté votre appareil photo?
5. Le ministre a déclaré ce matin que le chômage avait baissé.
6. L'équipe a travaillé toute la nuit pour terminer le montage du film.
7. Galilée a prouvé que la Terre était ronde.
8. J'ai oublié mon parapluie dans le train alors qu'il pleut. Gloups!
9. Ce matin, j'étais en retard et je n'ai rien mangé.
10. Nicolas a chanté pour mon vingtième anniversaire.

**1·2**
1. J'ai entendu un bruit bizarre.
2. Agnès a réfléchi avant de répondre à Quentin.
3. Tu as cueilli les tomates et je vais les laver.
4. Nous avons fini de répondre aux mails.
5. Ernest Hemingway a obtenu le prix Nobel de littérature en 1954.
6. Avez-vous senti la fumée? La boulangerie a brûlé.
7. Elles ont attendu le début des soldes pour faire les magasins.
8. La neige a fondu rapidement.
9. Pauline est partie avant moi, mais je l'ai rattrapée devant l'ascenseur.
10. Nous avons pris le train pour voir nos cousins à Paris.

**1·3**
1. Ils ont vécu dans la banlieue nord de Paris.
2. Lisa a appris par cœur ce morceau de piano pour le spectacle.
3. Claude Monet a peint *Impression, soleil levant* en 1872.
4. Pourquoi as-tu voulu devenir médecin?
5. Il a plu pendant toutes les vacances. Quel temps de chien!
6. Ma voisine nous a conduit(e)s à la pharmacie.
7. Emma a eu dix-huit ans hier. Elle est majeure maintenant!
8. Nous avons été déçus par les décisions du gouvernement.
9. Arthur lui a beaucoup plu.
10. Ils ont dû partir précipitamment, il y a une fuite d'eau chez eux.
11. Nous avons acquis ce terrain pour faire construire une maison de campagne.
12. Raphaël m'a donné rendez-vous au Mont Saint-Michel!
13. Je ne lui ai rien offert pour son anniversaire de mariage.
14. J'ai appris à ma grand-mère comment envoyer des mails, mais j'ai reçu dix fois le même!

15. As-tu lu les journaux? Le directeur de la chaîne de télévision a démissionné à cause d'un scandale.
16. Le Festival de Bande Dessinée d'Angoulême a eu lieu fin janvier.
17. Nous avons écrit au responsable du supermarché pour nous plaindre de la hausse des prix.
18. Ce chat m'a suivi(e) jusque chez moi, alors je l'ai adopté.
19. Avec tout mon bavardage, j'ai distrait Chloé qui a mis du sel à la place du sucre dans la mousse au chocolat. Beurk!
20. Ces comédiens nous ont beaucoup fait rire.

**1·4**
1. Elle est partie à midi pour l'aéroport de Roissy.
2. Le petit frère de Laura est né dimanche dernier.
3. Le train est arrivé à minuit en raison des grèves contre la réforme des retraites.
4. Quoi? Vous êtes allés quatre fois au cinéma en une semaine!
5. Tu es rentré(e) très tard hier soir!
6. Arnaud est passé par la boulangerie pour acheter une baguette.
7. Je suis allé(e) en France il y a deux ans.
8. — Zoé, vous êtes descendue par l'ascenseur? — Non, je suis montée par l'escalier.
9. Quand Valentin est-il revenu de Chine?
10. Nous sommes tombé(e)s sur Marion Cotillard à l'Opéra.

**1·5**
1. Je me suis cassé le bras en faisant une randonnée en Ardèche.
2. Nathan s'est grièvement brûlé avec le fer à repasser.
3. Nous nous sommes inquiétés car la marée noire a touché le littoral.
4. Valentine s'est occupée de toute la partie budgétaire du dossier.
5. Vous êtes-vous bien amusé(e)s à Londres?
6. Tu t'es ennuyé en voyant cette comédie? C'était pourtant drôle!
7. Je ne me suis pas promené(e) tout l'après-midi sur la plage, mais dans la forêt.
8. Louis s'est préparé pendant des semaines pour les Jeux Olympiques.
9. Mon réveil n'a pas sonné ce matin, et je me suis habillé(e) en vitesse.
10. Tom s'est réveillé au milieu de la nuit à cause d'un cauchemar.

**1·6**
1. Il s'est aperçu en arrivant au bureau qu'il avait oublié ses clés à la maison.
2. Ton livre s'est bien vendu au Salon du Livre. Il a fait un tabac!
3. Émilie et Clément se sont vus ce matin au concours hippique.
4. Nous nous sommes moqués de son déguisement de clown.
5. Zoé et Jules se sont rencontrés à une conférence sur le développement durable.
6. Mon canari s'est envolé parce que la porte de la cage était restée ouverte.
7. Julien et Axelle se sont écrit régulièrement pendant qu'elle était au Sénégal.
8. Je me suis fait arracher deux dents de sagesse.
9. Iris s'est souvenue de son nom en le voyant.
10. Ce style de robe ne s'est plus fait pendant dix ans, puis il est redevenu à la mode.
11. Éva et Hugo se sont embrassés pour la première fois devant la Sorbonne.
12. Gaspard s'est exclamé d'admiration devant le tableau de Picasso.
13. Ses cris se sont fait entendre dans tout l'immeuble. Des souris!
14. Mathieu et Camille se sont mariés à Tahiti.
15. Nous nous sommes dépêchés pour avoir notre train, mais nous l'avons raté.
16. Elles se sont téléphoné pour critiquer le casting du film.
17. Luc, vous vous êtes évanoui en raison des fortes chaleurs?
18. Sa maladie s'est déclarée en début d'année.

19. Je me suis disputé(e), avec ma sœur, mais nous nous sommes réconcilié(e)s rapidement.

20. Après la dispute Raphaël s'est éclipsé sans un mot.

**1·7**
1. J'ai retourné l'omelette dans la poêle.
2. Nous sommes rentré(e)s plus tôt que prévu.
3. Samira a sorti la tarte du congélateur.
4. Êtes-vous passé(e) chez le fleuriste?
5. Tanguy et Sylvia sont descendus dans la rue pour manifester.
6. J'ai monté les blancs en neige à la main.
7. Il y a beaucoup de vent. As-tu rentré le linge du jardin?
8. Côme a passé tout l'après-midi à lire sur son iPad.
9. Nous sommes retournés voir le banquier pour obtenir un meilleur crédit immobilier.
10. Le logiciel de traduction est sorti avant la date annoncée.

**1·8**
1. Héloïse et Ralph se sont souvent téléphoné.
2. Diego a émigré en Allemagne quand il avait cinq ans.
3. Les PDGs ont échangé des renseignements confidentiels.
4. Nous sommes allé(e)s à Strasbourg pour voir le marché de Noël.
5. L'humeur d'Hadrien a changé depuis l'accident.
6. Les maisons se sont effondrées à cause du tremblement de terre.
7. Je me suis brossé les dents avant d'aller au lit.
8. Sofia a sorti son chien.
9. Vous avez juré de protéger son anonymat.
10. Fleur est-elle restée à la conférence de l'ONU?

**1·9**
ai plongé, ai trouvé, ai découvert, ont ressurgi, ai pu, ai connu, a fallu, me suis appuyée, se sont retrouvés, me suis inspirée, s'est avéré, a été, a fallu

# 2 Those were the days: The imparfait

**2·1**
1. Ils prenaient leur petit-déjeuner sous un parasol.
2. Sabine négociait son contrat de travail. Ça n'avait pas l'air facile!
3. J'en voulais à Jonathan pour ses soupçons infondés.
4. Nous créions toujours nos propres sites web.
5. Avant l'arrivée de M. Kayat, le patron harcelait sans cesse les journalistes.
6. La star annulait toujours ses spectacles à la dernière minute.
7. Sixtine ne prêtait pas attention aux rumeurs.
8. Quand vous travailliez à la Fnac, vous identifiiez-vous à vos clients?
9. J'attendais avec impatience la nouvelle console de jeux vidéos.
10. Tu évoquais parfois tes souvenirs d'enfance.

**2·2**
1. Mathieu effaçait le tableau tous les matins.
2. Cette association hébergeait des sans-abri tous les hivers.
3. Églantine voulait avoir une chèvre.
4. Ces actionnaires exigeaient des résultats rapides.
5. Nagiez-vous tous les jours?
6. Régulièrement, le gouvernement menaçait de privatiser le service.
7. Victor changeait d'avis toutes les cinq minutes.
8. Je commençais toujours plusieurs livres en même temps.

9. Nous voyagions parfois en première classe.
10. À chaque répétition, le chorégraphe plaçait les danseurs sur la scène.
11. Tu corrigeais parfois des copies dans le train.
12. Systématiquement, Alice remplaçait les fleurs fanées dans l'hôtel.
13. Mira et Sophie rangeaient tous les claviers et les souris. C'était leur mission!
14. L'architecte déplaçait souvent les cloisons pour agrandir l'espace.
15. Joséphine et Cyprien partageaient religieusement leurs recettes de tartes salées.
16. Chaque année, nous financions la construction d'une nouvelle éolienne.
17. Ces succès te vengeaient parfois de tes échecs.
18. Les ouvriers devaient percer une centaine de fenêtres en trois jours.
19. J'encourageais sans cesse mon frère à passer des concours.
20. Ce genre de sondage influençait les électeurs. Moins maintenant.

2·3
1. Gustave était déjà au lit quand on sonna à la porte.
2. J'étais là à la naissance de son fils Christophe.
3. Colombe était rebelle à l'adolescence.
4. Vous aviez une belle collection de nains de jardin!
5. Malheureusement, de plus en plus de personnes étaient à la rue.
6. Tu avais souvent des idées farfelues comme élever des escargots.
7. J'étais à bout de nerfs après seulement deux heures avec elle!
8. Elles avaient confiance en vous et vous les avez trahies!
9. Ce concert n'était pas génial. Je regrette d'être venu(e)!
10. Aimé avait la main lourde avec le chocolat. Il était très gourmand!

2·4
1. Tout le centre-ville était embouteillé.
2. J'admirais le château de Chambord.
3. Les manifestants défilaient dans le calme.
4. Le paysage était paradisiaque.
5. La nuit commençait à tomber.
6. Leila restaurait un tableau de Delacroix.
7. Il pleuvait des cordes.
8. Nous circulions à vélo en été.
9. L'orage grondait dans le lointain.
10. Vous mélangiez les œufs et la farine.

2·5
1. Cédric avait soif.
2. Elle semblait calme, et tout à coup, elle s'est emportée contre lui.
3. Tu savais qu'ils échoueraient, mais tu n'as rien dit. Pourquoi?
4. En théorie, cela paraissait très facile.
5. Elles n'espéraient plus rencontrer le DJ, quand il est finalement arrivé.
6. Nous étions pessimistes sur ses chances de survie.
7. Je croyais qu'il serait récompensé.
8. Delphine buvait du vin, quand soudain elle s'est mise à tousser.
9. Après un tel choc, vous avez paru épuisé.
10. — Pourquoi n'as-tu pas arrêté la machine? — Désolé, je n'y ai pas pensé.

2·6
1. Je montais à cheval régulièrement.
2. Alliez-vous souvent aux ventes aux enchères?
3. Autrefois, l'essence coûtait moins cher.
4. Elle le voyait tous les dimanches.

5. Quand tu étais petit, tu avais un chat appelé LÉO et une tortue nommée Ophélie.
6. Le lundi, il flânait dans le Marais.
7. Quand on a fait construire notre maison, les panneaux solaires n'existaient pas.
8. J'égarais des objets à chaque déménagement.
9. Quand Domitille était en Italie, elle mangeait un gelato à la pistache tous les soirs.
10. À cette époque, nous habitions Lyon.

2·7
1. Si on adoptait un dalmatien?
2. Si on offrait une tablette numérique à ta filleule?
3. Si on partait pour l'Australie?
4. Si on ouvrait un cybercafé dans le treizième arrondissement?
5. Si on prenait le métro automatique pour aller à la Bibliothèque Mitterrand?
6. Si on consultait un acupuncteur?
7. Si on jouait du piano?
8. Si on bavardait pour passer le temps?
9. Si on se tutoyait?
10. Si on rendait hommage à Victor Schœlcher en allant au Panthéon?

2·8
1. Nous venions tout juste de rentrer de vacances.
2. Maria venait de se marier quand je l'ai rencontrée.
3. Je venais de lui parler quand tu as appelé.
4. Il venait de finir de mettre la table quand nous sommes arrivés.
5. Tu venais de louer un petit appartement quand ton cousin t'a donné un de ses labradors chocolat.
6. L'ascenseur venait d'atteindre le 6ème étage quand l'incident s'est produit.
7. Achille venait de sortir de l'hôpital quand il s'est cassé le bras.
8. Ils venaient d'acheter un très grand nombre d'actions quand le marché s'est effondré.
9. Tu venais d'installer un nouveau logiciel quand ton ordinateur a planté.
10. Je venais d'acheter une dizaine de livres quand on m'a offert un ebook.

2·9
1. Si seulement on avait plus de temps!
2. Je venais d'acheter un nouveau four quand il est tombé en panne.
3. Si seulement elle cessait de pleurer!
4. Paul venait de commencer à creuser quand il a trouvé une amphore.
5. Si seulement le temps était ensoleillé!
6. Elle venait d'être licenciée quand on lui a offert un meilleur poste.
7. Si seulement il avait les qualifications qu'ils veulent!
8. Il venait de devenir PDG quand la société a fait faillite.
9. Si seulement vous étiez un meilleur cuisinier!
10. Vous veniez de finir de peindre les volets quand il s'est mis à pleuvoir.

2·10
descendait, étions, redevenait, se dédoublaient, portait, se reflétaient, faisaient, s'illuminait, se couvrait, s'éclairait, était juchée, jetait, brillaient, était, descendait, était, envoyaient, semblaient, devions, entendait

# 3    All things must pass: The plus-que-parfait

3·1
1. Ils avaient dîné au bord de la mer.
2. Les enfants avaient ouvert leurs cadeaux en premier.
3. J'avais répondu en la fusillant du regard.

4. Thomas avait enfin fini de payer ses dettes.
5. Tu avais oublié ta clé USB.
6. Nous avions expliqué la stratégie à l'équipe.
7. Vous aviez investi dans ce nouveau système d'exploitation?
8. Thaïs était allée plusieurs fois en ville malgré la neige.
9. Le peintre avait réussi un autoportrait saisissant.
10. Les grévistes avaient brûlé des poubelles.
11. Laure lui avait offert une maquette d'avion.
12. Nous n'avions pas cru son témoignage.
13. Il était parti élever des escargots.
14. Je l'avais pris en flagrant délit.
15. Vous aviez peint tous les monuments historiques de la ville.
16. Léon avait découvert un plancher de mosaïque au sous-sol de la maison.
17. Elle n'était pas arrivée à temps pour dire au revoir à son oncle et sa tante.
18. Tu avais obtenu l'accord du maire pour le projet.
19. Le meurtrier avait avoué son crime.
20. Vous aviez déjà bu un café aussi bon?

**3·2**
1. Elle s'était promenée de longues heures dans le Jardin des Plantes.
2. Émile s'était ennuyé pendant toute la durée du film.
3. Vous vous étiez évanoui(e) suite à une douleur aiguë.
4. Je m'étais réveillé(e) à cause de l'orage.
5. Nous nous étions mariés en été sous une chaleur accablante.
6. Max et Ioana s'étaient rencontrés dans une station balnéaire.
7. Tu t'étais moqué(e) de ma passion pour le jardinage.
8. Ségolène s'était offert une tablette numérique.
9. Il ne s'était pas rendu compte de son erreur.
10. Les associations de défense des droits de l'homme s'étaient inquiétées de l'augmentation de la xénophobie.
11. Emmanuel et Noémie s'étaient écrit pendant des années avant de se rencontrer.
12. Vous vous étiez arrêté(e) de travailler à cinquante ans.
13. Jérémie s'était coupé en se rasant.
14. Je m'étais rendu(e) compte de l'importance de la liberté d'expression.
15. Elle s'était demandé comment décrocher un poste dans ce laboratoire.
16. Nous nous étions souvenu(e)s des témoins présents lors de l'accident.
17. Tu t'étais assis(e) pour te reposer.
18. Rose s'était fait mordre par le chien du voisin.
19. Ils s'étaient vus quelques jours auparavant.
20. La vieille dame s'était plainte de la musique trop forte.

**3·3**
1. J'avais déposé ma demande quand elle a décidé de déposer la sienne.
2. Lorsque nous sommes arrivé(e)s à l'aéroport, l'Airbus A380 avait déjà décollé.
3. Puisqu'Augustin avait oublié de faire le plein d'essence, nous sommes tombés en panne.
4. Quand Nora et ses enfants sont arrivés, les pompiers avaient déjà éteint l'incendie.
5. Aline et Simon se sont rencontrés dans le café que nous avions découvert l'an passé.
6. Quand elle a quitté l'Argentine, ses frères s'étaient déjà installés en Norvège.
7. Il s'est soudain rendu compte qu'il n'avait pas reconnu son grand-oncle.
8. Blanche avait invité ses amis quand soudain Yves a décidé d'organiser une fête le même soir.

9. Il avait refusé d'aller à l'hôpital, alors ses blessures se sont peu à peu aggravées.
10. Comme les dirigeants avaient menti sur le budget, les employés ont décidé de faire grève.

**3·4**
1. Il avait démissionné parce que son travail était ennuyeux.
2. Vincent avait mis un tel désordre dans sa chambre qu'il ne retrouvait plus rien.
3. Rachel semblait très déçue, parce que tu avais oublié la Saint-Valentin.
4. Mon frère avait découvert le rock, et après ça, il écoutait en boucle mes vinyles.
5. Jacob les avait pris sous son aile, mais ils refusaient de travailler.
6. Quand il avait fini de déjeuner, il sortait toujours avec son chien.
7. Je voulais assister à l'audience au tribunal de Nantes, mais elle avait déjà commencé.
8. La police avait intensifié ses efforts de recherche, mais le meurtrier restait introuvable.
9. Vous aviez dénoncé la dictature pendant des années, mais cela demeurait sans effet.
10. Le personnel se retrouvait au chômage, car l'entreprise avait fait faillite.

**3·5**
1. Elle avait cru que c'était Jean le coupable mais soudain elle se rendit compte de son erreur.
2. Arnaud avait voulu détourner le regard, malheureusement on l'obligea à regarder, et ce qu'il vit le terrifia.
3. La dispute avait été si violente, ils se sentirent soudain très mal à l'aise.
4. Armelle avait toujours eu envie d'un diamant, mais elle se contenta d'un saphir.
5. Ils avaient cru me convaincre de travailler pour eux, mais très vite je choisis d'aller chez leur concurrent.
6. Joséphine avait réfléchi en vain, quand subitement une idée lui traversa l'esprit.
7. Je n'avais jamais rencontré Lucas, mais il me plut au premier regard.
8. Nous avions éteint les ordinateurs, mais il dut les rallumer pour installer le nouveau logiciel.
9. La situation s'était tellement détériorée qu'il décida de rentrer en France.
10. Le gouvernement avait espéré améliorer la cohésion sociale, mais les projets échouèrent les uns après les autres.

**3·6**
1. Si seulement on avait pu obtenir des billets pour le Cirque du Soleil!
2. Si seulement ils ne s'étaient pas trouvés sur les lieux du crime!
3. Si seulement il n'y avait pas eu de malentendu!
4. Si seulement nous n'avions pas raté le début de *Les Bonnes* de Genet à la Comédie-Française!
5. Si seulement *Le Grand Canal* de Turner avait été mieux surveillé!
6. Si seulement tu nous avais donné ton feu vert!
7. Si seulement le tsunami avait été détecté à temps!
8. Si seulement vous aviez défendu la parité entre les hommes et les femmes!
9. Si seulement elle avait porté plainte après le cambriolage!
10. Si seulement il s'était forgé un esprit plus critique!

**3·7**
1. Margot avait déjà mangé quand je suis rentré(e).
2. Tu n'avais pas compris mes intentions.
3. Il était déçu parce que j'avais oublié son cadeau d'anniversaire.
4. Si seulement elle avait chanté juste!
5. Je n'avais pas pu les appeler parce que mon téléphone ne marchait pas.
6. David s'était souvenu de ses paroles pendant des années.
7. Elle avait écrit de nombreux articles sur la Chine, mais elle n'y était jamais allée.
8. Il ne s'était pas rendu compte que sa cravate était tachée de sauce tomate.
9. Je me demandais comment tu avais remboursé tes dettes.
10. Pauline avait parié une bouteille de champagne, et elle avait gagné.

**Imparfait:** bougeaient, gardait, faisiez, servait, servait de, y avait, s'occupaient, était, vivait, était, devinait, emplissaient, sentait, débordaient

**Passé immédiat:** venait de

**Plus-que-parfait:** s'étaient levés, avait énervés, était allé, avait fait, avait médité

# 4 And tenses rolled along . . . Variations in using both the passé composé and the imparfait

4·1
1. Nous sommes retournés voir *Le Lac des cygnes* une troisième fois.
2. Quand j'étais petite, nous allions toujours en vacances dans le Finistère.
3. Manon a attendu une heure à l'arrêt de l'autobus.
4. Henri IV est né en 1553.
5. Mes parents repeignaient les volets de la maison tous les dix ans.
6. Gustave écrivait une lettre à Louise quand un orage a éclaté.
7. Cécile est revenue des Thermes marins de Biarritz hier soir.
8. Je lisais mes mails quand mon chat Maine Coon a sauté sur le clavier.
9. Des baleines s'échouaient régulièrement sur cette plage de Norvège.
10. Victor Hugo a vécu de très longues années en exil à Guernesey.
11. Les enfants jouaient souvent à cache-cache.
12. Georges Pompidou était président quand il a créé le Centre d'art contemporain Georges-Pompidou.
13. La soprano a dû quitter le théâtre, car elle avait mal à la gorge.
14. Je roulais dans la forêt quand tout à coup un sanglier a traversé la route.
15. Nous hésitions sur la décoration des chambres quand la vendeuse nous a montré des stores en bambou.
16. Le procès a eu lieu juste près l'arrestation du gang de braqueurs.
17. L'entreprise a embauché des ouvriers turcs, car elle manquait de main-d'œuvre bon marché.
18. Quand j'habitais en Bourgogne, la foire aux vins se tenait toujours après les vendanges.
19. Le photographe s'est fait courser par le rhinocéros qu'il voulait prendre en photo.
20. Vous veniez d'accepter un poste de chercheur dans un laboratoire quand on vous a proposé un poste de professeur à l'Université de Toulouse.

4·2
1. Quand vous étiez à Paris, vous vous promeniez le long de la Seine tous les dimanches.
2. Morgane dormait quand la cloche de l'école a sonné.
3. Quentin et Audrey étaient en Polynésie quand elle a découvert qu'elle était enceinte.
4. Lucas étudiait l'italien quand il a décidé d'apprendre le français.
5. Le château de sable était presque fini quand soudain il s'est écroulé.
6. J'ai suivi un cours d'anthropologie quand j'étais à La Sorbonne.
7. Le tournage du film durait depuis deux semaines quand le cameraman a disparu.
8. Les agriculteurs manifestaient depuis un mois quand le gouvernement a annoncé la création d'un fonds spécial d'aide.
9. Quand nous vivions en Italie, nous allions à la Biennale de Venise pour assister au Festival de musique contemporaine.
10. Le Parlement européen était en session à Strasbourg quand la Grèce a demandé de l'aide internationale.

**4·3**

1. Pierre n'a pas pu ouvrir la porte.
2. — En France, les femmes ne pouvaient pas voter. — Jusqu'à quand? — Jusqu'en 1945.
3. J'ai enfin pu obtenir mon visa pour le Bhoutan.
4. Dans le passé, on pouvait fumer partout.
5. Bertrand a pu survivre grâce à son courage.
6. À cette époque, les étrangers ne pouvaient pas entrer au Japon.
7. Les enfants ont pu trouver une nouvelle école.
8. Timothy a pu résoudre le problème.
9. Mélanie n'a pas pu le persuader d'aller au cinéma.
10. Certains touristes ont pu quitter le pays mais pas tous.

**4·4**

1. When she was a teenager, she would play basketball on Thursday evenings.
2. Xaxier did not want to attend the ceremony.
3. In the past, he used to smoke a lot.
4. In the Middle Ages, troubadours sang love poems.
5. I asked him nicely, but he did not want to lend me a little money.
6. Before his divorce, he exercised every day.
7. Why didn't he want to come along with you?
8. She would sing in a choir every Thursday.
9. We did not want to make him believe that we would vote for him.
10. Fabrice did not want to give up.

**4·5**

1. Pendant son séjour en France, Alix n'a pas pu venir à Compiègne pour monter à cheval.
2. Quand nous étions étudiants, nous allions souvent dans des cafés après les cours.
3. Le directeur voulait toujours augmenter le chiffre d'affaires.
4. Avant le XXème siècle, les femmes européennes ne pouvaient pas voter.
5. Le conservateur a pu empêcher in extremis que les entrepreneurs démolissent cette église du XVème siècle.
6. Les parents de Gabrielle n'ont jamais voulu la laisser sortir avec ses amis.
7. Il y a trois siècles, on trouvait des loups dans toute la France.
8. Ma grand-mère allait en Alsace chaque décembre et elle nous rapportait des décorations de Noël.
9. Quentin est arrivé en retard au stade Roland-Garros et il n'a pas pu acheter de billet.
10. Mon patron n'a pas voulu m'accorder une augmentation de salaire!

**4·6**

1. La duchesse était toujours habillée en rose.
2. Nous savions bien que tu n'aimais pas ton patron.
3. Jean a mangé un escargot et tout à coup il a été malade.
4. Lionel croyait que tu avais trente-cinq ans.
5. Le soldat paraissait si épuisé sur la photo.
6. Soudain, j'ai su qu'il mentait.
7. Le sultan Moulay Ismaïl avait de nombreux palais.
8. Il était à terre, il ne respirait plus; j'ai cru un instant qu'il était mort. Mais heureusement, ce n'était pas le cas.
9. Le chimiste assis derrière son bureau semblait passif.
10. Soudain Madame Thibault a eu des vertiges. Un passant l'a emmenée voir le pharmacien.

**4·7**

1. Nous nous promenions dans les Alpes depuis deux semaines quand nous avons enfin vu des marmottes.
2. Je dormais depuis un quart d'heure quand l'alarme s'est déclenchée.

3. Nathalie travaillait au Pérou depuis trois ans quand elle a dû rentrer en France précipitamment.
4. Vous commandiez les plats quand le dernier invité est arrivé à bout de souffle.
5. Sacha était en train de déboucher le champagne quand le bouchon a sauté au plafond.
6. Capucine et Noé discutaient depuis une demi-heure quand il lui a demandé s'ils pouvaient se tutoyer.
7. Toute la famille regardait *Les Misérables* quand tout à coup Jeanne a fondu en larmes.
8. Je commençais à désespérer de retrouver ma voiture quand le voleur a enfin été arrêté par la police.
9. Nous contemplions la voûte céleste, quand soudain une étoile filante l'a traversée.
10. La situation politique commençait à dégénérer quand un coup d'État a eu lieu.

4·8
1. Je montais les blancs d'œuf en neige pendant qu'Antoine mélangeait la farine, le sucre et les jaunes.
2. Le professeur parlait du *Cœur régulier* d'Olivier Adam pendant que les étudiants prenaient des notes.
3. La pluie remplissait les gouttières pendant que le vent couchait les arbres.
4. Les musiciens jouaient du jazz dixieland pendant que les invités dansaient.
5. Annabelle passait l'aspirateur pendant que tu nettoyais les vitres.
6. Mon poisson rouge tournait dans son bocal pendant que les chats le regardaient d'un air malicieux.
7. Je tenais le clou pendant que Magalie tapait dessus avec un marteau.
8. Un avion décollait pendant qu'un autre atterrissait.
9. L'interprète traduisait pendant que le conférencier australien se présentait.
10. Léo et Adrien campaient dans les bois pendant que leurs parents faisaient du kayak.

4·9
Quand j'étais enfant, je vivais dans une ville. Je suis devenu très indépendant. Je prenais l'autobus pour aller à l'école tout seul. Je pouvais aussi y aller à pied. L'après-midi, je jouais du piano. Je jouais avec un professeur deux fois par semaine et je jouais très bien. Un jour, je me suis rendu compte que je préférais les sports alors j'ai arrêté mes leçons de piano. J'ai commencé à jouer au basket-ball. Quel dommage! Les leçons de piano me manquent.

# 5 Keep it simple: The passé simple

5·1
1. Ils se vengèrent sur le chocolat!
2. Renée Fleming chanta plusieurs fois *Thaïs* à l'Opéra Bastille de Paris.
3. Les membres de l'Académie saluèrent l'élection d'Érik Orsenna, ce fou de grammaire.
4. Grâce à genealogie.com, Élise retrouva les traces de son arrière-grand-mère.
5. Certains soldats, pendant quelque temps, eurent du mal à joindre leur famille.
6. Les spectateurs pleurèrent devant la pièce *La Nuit juste avant les forêts* de Koltès.
7. Mon grand-oncle et moi apportâmes de vieilles photos à la réunion de famille.
8. Jérôme et Alain hébergèrent des résistants pendant six mois.
9. Après des heures de négociations, Pékin refusa un accord clé au G20.
10. En raison d'une défaillance technique, les passagers passèrent la nuit dans le train Thalys reliant Amsterdam-Paris.

5·2
1. tenir   2. croire   3. naître   4. mettre   5. plaire   6. vivre   7. venir   8. peindre   9. courir   10. offrir

**5·3**
1. Marguerite Yourcenar fut la première femme élue à l'Académie française.
2. Immédiatement, Joséphine reconnut son ancienne camarade de chambre.
3. En 1832, Delacroix peignit le célèbre tableau *Femmes d'Alger dans leur appartement*.
4. Henri VIII eut six épouses.
5. Léon Bloom mit en vigueur les congés payés en 1936.
6. Depardieu joua Cyrano de Bergerac dans le film de Jean-Paul Rappeneau en 1990.
7. De nombreux titres de la presse régionale furent absents des kiosques samedi en raison d'une grève.
8. Votre interprétation de la chanson de Dalida plut énormément à l'audience.
9. Baryshnikov établit une fondation de danse en 2005.
10. Pour comprendre le XIXème siècle, Laurent lut tout Balzac, Zola et Flaubert.
11. Le Sénégal devint indépendant en 1960.
12. Rabelais écrivit *Le traité de bon usage du vin*.
13. Le Président de la République reçut son homologue russe à Versailles.
14. Arthur C. Clark, dit-on, prédit le GPS.
15. François 1er mourut en 1547.
16. Albert Camus naquit en 1913.
17. Les frères Montgolfier inventèrent les montgolfières, ballons à air chaud.
18. Avec leurs jumelles, ils purent voir Siruis, l'étoile principale de la constellation du Grand Chien.
19. L'éclairagiste éteignit les lumières et le théâtre devint tout sombre.
20. Les délégués nous offrirent un très beau vase en porcelaine de Limoges.

**5·4**
1. Il vit un oiseau jaune.
2. Ils virent une très bonne pièce.
3. Elle conduisit des heures sur la Côte d'Azur.
4. Le jeune homme éteignit la lumière.
5. Picasso peignit *Les demoiselles d'Avignon*.
6. Zoé écrivit le premier chapitre de son roman à Nice.
7. Il saisit la branche et la jeta dans la rivière.
8. Maria Callas chanta *Carmen* de Bizet.
9. Simon reçut un beau cadeau.
10. L'Internet révolutionna la monde.

**5·5** **Passé simple:** montra, vis, rougis, pâlis, s'éleva, sentis, reconnus, crus, bâtis, pris, osai, excitai, affectai, pressai, arrachèrent

**Imparfait:** fallait, semblait, voyaient, pouvais, cherchais, brûlait, implorait, adorais, faisais, offrais, osais, évitais, retrouvaient, étais, respirais, coulaient, cultivais, voulais

# 6   The palette of the pasts: The other past tenses

**6·1**
1. J'aurai fini dans un quart d'heure.
2. Le syndicat aura pris une décision d'ici ce soir.
3. Le chat aura peut-être attrapé la souris qui était au grenier.
4. Vous aurez assisté à la chute de cet État policier d'ici peu.
5. Notre succès aura sûrement fait des jaloux.
6. Les spéculateurs auront influencé le cours des matières premières.
7. Maxence aura certainement installé le réseau virtuel d'ici une semaine.

8. L'urbanisation se sera développée au-delà des estimations.
9. Noémie se sera plainte durant tout le voyage.
10. La coalition n'aura pas résisté aux élections régionales.

6·2
1. Aussitôt que le professeur aura corrigé les copies, elle affichera les notes.
2. Les manifestants quitteront la place quand le gouvernement aura effectué des réformes.
3. Maryse apprendra l'italien quand elle aura maîtrisé le français.
4. Anaïs signera son contrat dès qu'elle l'aura reçu.
5. Ce juge arrêtera de combattre la corruption quand elle aura disparu.
6. Quand la communauté internationale aura fait pression sur le dictateur, il s'exilera.
7. Tu donneras ta démission quand tu auras trouvé un autre emploi.
8. Sébastien ne pourra se servir de son appareil photo que lorsqu'il aura lu le mode d'emploi.
9. Dès que le témoin se sera souvenu du modèle de la voiture volée, la police commencera les recherches.
10. Mon imprimante ne fonctionnera pas tant que je n'aurai pas remplacé les cartouches.

6·3
1. On ignore quand les techniciens auront réparé le circuit électrique.
2. Elle aura encore oublié notre rendez-vous !
3. Je me demande si le bouche à oreille aura été efficace.
4. Nous ne savons pas quand Benjamin aura numérisé toutes les photos.
5. Elle se sera encore brûlée en faisant griller des sardines de Douarnenez sur le barbecue !
6. Nous nous demandons comment elle se sera défendue au procès.
7. Il aura encore cru voir des extraterrestres !
8. Vous ignorez si le gouvernement aura été complètement remanié.
9. Il se sera encore trompé d'immeuble !
10. Je me demande si on lui aura donné carte blanche.

6·4
1. Tu auras passé toute ta vie à voyager.
2. Nous irons au cinéma dès que la baby-sitter sera arrivée.
3. Elle aura probablement acheté un nouvel ordinateur !
4. Je me demande s'ils seront tombés amoureux pendant la croisière.
5. D'ici ce soir, Victorine aura changé d'avis.
6. Il sortira une fois qu'il aura lavé sa voiture.
7. Elle aura probablement volé toutes leurs montres !
8. Les ouvriers auront probablement bloqué l'entrée de l'usine.
9. Justine sera restée à la maison tout le week-end.
10. Je t'aiderai à faire tes devoirs quand j'aurai fini de faire la cuisine.

6·5
1. ils furent allés   2. tu eus fait   3. je me fus arrêté(e)   4. elle eut pris   5. ils eurent laissé   6. il eut commencé   7. vous eûtes reçu   8. j'eus accroché   9. ils eurent regardé   10. nous nous fûmes promené(e)s

6·6
1. nous aurions lancé   2. ils auraient circulé   3. elle aurait souffert   4. tu aurais sponsorisé   5. vous auriez rompu   6. tu aurais grandi   7. j'aurais hérité   8. tu te serais souvenu(e)   9. il aurait ajouté   10. vous vous seriez endormi(e)s

6·7
1. Vous auriez dû me prévenir.
2. Nous aurions aimé rencontrer ce célèbre écrivain.
3. Elle aurait souhaité devenir vétérinaire.
4. Thibault aurait été très mécontent.
5. J'aurais voulu être exploratrice comme Alexandra David-Néel.

6. Ces immeubles neufs auraient parfaitement convenu pour nos bureaux.
7. Tu aurais pu l'encourager davantage.
8. Il croyait qu'ils auraient fini de peindre la maison à la fin du mois.
9. Je l'aurais accueillie avec plaisir!
10. Ils auraient enfreint la loi.

**6·8**
1. Le public aurait été déçu si la municipalité de Toulon avait annulé le concert.
2. Si tu avais prêté attention, tu aurais compris ce qu'elle voulait dire.
3. Marguerite serait venue si Hadrien lui avait téléphoné.
4. Si nous étions allé(e)s en Bretagne, nous aurions mangé des huîtres et des galettes de sarrasin.
5. Elles auraient fait plus attention si vous les aviez mieux informées.
6. Vous auriez réussi votre oral au concours de la fonction publique si vous aviez travaillé plus sérieusement.
7. Si Céline avait mis un chapeau et de la crème solaire SFP 80, elle n'aurait pas attrapé d'insolation.
8. Il n'y aurait pas eu de réchauffement climatique si les hommes avaient été plus respectueux de l'environnement.
9. Si William avait eu un blog, il aurait pu participer au buzz autour du film *Avatar*.
10. Si l'association n'avait pas obtenu la subvention, le festival celtique aurait été annulé.

**6·9**
1. Plusieurs prisonniers se seraient évadés de la prison de Fleury-Mérogis.
2. Le président aurait ratifié le traité avec le Brésil.
3. Le voleur aurait avoué son crime.
4. Le choléra aurait causé la mort de plusieurs milliers de personnes en Haïti.
5. Les dirigeants du parti auraient trahi la confiance des militants.
6. Un cabinet d'architectes américain aurait construit le plus haut gratte-ciel du monde à Dubaï.
7. Un brevet aurait été déposé pour des vélos en bois et en bambou.
8. Des paysans vietnamiens auraient inventé un insecticide à base d'ail, de piment et de gingembre.
9. Le ministre de l'Économie aurait eu une liaison avec une secrétaire d'État.
10. Le chômage serait passé sous la barre des 10% en janvier.

**6·10**
1. Au cas où tu aurais pris des photos pendant ton voyage au Japon, montre-les-moi!
2. Au cas où Yann aurait échoué à son examen, il pourrait le repasser le semestre suivant.
3. Au cas où son manuscrit aurait été rejeté, elle s'adresserait à un autre éditeur.
4. Au cas où un accident aurait eu lieu, la trousse de premier secours est toujours dans la voiture.
5. Au cas où ce partenaire aurait rompu son engagement, nous avons pris nos dispositions.
6. Au cas où vous auriez perdu votre carte d'identité, vous seriez obligé(e)s d'aller à la préfecture.
7. Au cas où le rendez-vous aurait été reporté, envoyez-moi un mail!
8. Au cas où il y aurait eu un tremblement de terre, les pompiers étaient prêts à intervenir.
9. Au cas où tu n'aurais pas reçu de carton d'invitation, appelle-moi!
10. Au cas où Charlotte aurait aimé les mirabelles, Marianne lui en avait préparé plusieurs bocaux.

**6·11**
1. Tu aurais dû m'informer.
2. La nouvelle loi sur la bioéthique aurait été votée pendant la nuit.
3. Nous serions resté(e)s si tu nous l'avais demandé.
4. Si j'avais raté mon train, il y en aurait un autre deux heures plus tard.

5. Amandine aurait été très déçue si elle n'avait pas vu le Vieux-Marseille.
6. Nous aurions aimé faire la connaissance d'Isabelle Huppert.
7. Si les marguerites avaient été en fleur, je vous en aurais donné un bouquet.
8. Ils auraient visité le musée Carnavalet pour voir la chambre de Proust.
9. Au cas où la lettre n'arriverait pas à temps, appelez-moi!
10. Tu aurais pu acheter une chaise *Le Corbusier* si tu n'étais pas arrivé(e) en retard à la vente aux enchères.

6·12    1. vous eussiez rémunéré    2. je fusse devenu(e)    3. il eût dénoncé    4. vous eussiez redouté
5. elle fût entrée    6. tu eusses transmis    7. ils eussent eu honte    8. nous eussions accusé
9. elles eussent immortalisé    10. j'eusse publié

6·13    1. Le présentateur doute que cet écrivain ait écrit son livre.
2. Je suis contente que tu aies gravé ce CD pour ton frère.
3. Il se peut que Grégoire se soit perdu dans le Quartier latin.
4. Nous sommes désolés que notre partenariat ne se soit pas matérialisé.
5. Cécile ne croit pas que les pêcheurs aient respecté les quotas de thon rouge.
6. Il est curieux que le gouvernement n'ait pas engagé de hackers pour sécuriser davantage ses données.
7. Je regrette qu'elle n'ait pas pu se libérer.
8. Pourvu qu'elles aient réussi à la convaincre de se faire soigner à l'hôpital.
9. La valeur de Google a flambé après que la société ait été introduite en Bourse.
10. Il est possible que Corentin ait voulu tourner la page.
11. Êtes-vous étonné qu'Aurélie ait agi seule?
12. Marie est déçue que je ne lui aie rien dit.
13. Il est dommage que le mécène ait refusé de soutenir cet artiste talentueux.
14. Il est naturel que les résultats se soient éloignés des prévisions.
15. Il est étrange que les agriculteurs aient utilisé cet engrais chimique.
16. Le conservateur du musée est furieux qu'un visiteur ait tenté de lacérer *La montagne Sainte-Victoire* de Cézanne.
17. Je suis surpris qu'Hélène et Bastien aient rompu.
18. Il est inimaginable que tu n'aies pas obtenu ce poste.
19. Il aurait été peu convenable que je ne sois pas arrivé(e) à l'heure convenue.
20. Nous sommes scandalisés que les patrons aient touché des salaires si élevés.

6·14    1. Il a appelé son secrétaire après avoir inventorié sa marchandise.
2. Daphné est devenue mannequin après avoir eu son bac.
3. L'université exige que les étudiants passent plusieurs entretiens après leur avoir accordé une bourse.
4. L'entreprise va réaménager les services après avoir créé une nouvelle filiale.
5. Nous pourrons accueillir Paul après avoir fait les travaux dans notre salle multimédia.
6. Ce candidat à la présidentielle devra peaufiner son programme après avoir participé au débat télévisé.
7. Danone lancera ce nouveau lait en poudre pour bébés après avoir fait une étude sur les pays asiatiques.
8. J'ai fait un don à *Médecins sans Frontières* après avoir payé mes impôts.
9. Tu avais le vertige après t'être approché(e) du bord du précipice.
10. Le groupe France Télévisions lancera une nouvelle chaîne de télévision pour les adolescents après avoir conquis le marché des enfants.

# 7 Come together: Comprehensive exercises

**7·1**
1. J'ai toujours vécu dans cette maison au milieu des champs de colza.
2. Les enfants ont peint leur autoportrait pour l'offrir à leurs parents.
3. Vous avez acquis une bonne réputation auprès de vos supérieurs grâce à votre sérieux.
4. Violette, quand nous ne t'avons pas vue, nous avons craint le pire.
5. Le concert de musique baroque t'a plu?
6. Il a plu pendant tout le match de rugby.
7. Benoît a lu tout Confucius.
8. L'envie n'a lui qu'un bref instant dans ses yeux.
9. Ludovic a présenté les intervenants de la conférence, puis il s'est tu.
10. Le lion a tué l'antilope en lui plantant ses crocs dans la gorge.

**7·2**
1. Chaque année, nous allions à Belle-Île-en-Mer où nous faisions le tour de l'île en bateau.
2. À chaque fois qu'un épisode de *Plus belle la vie* passait à la télévision, Jean le regardait.
3. À la Martinique, nous dansions au rythme du zouk.
4. Ma sœur voulait visiter les îles Marquises en Polynésie.
5. Chez les parents de Benoît, il fallait respecter les bonnes manières à table.
6. Elle allait tous les ans au Carnaval de Rio.
7. Tu fumais beaucoup trop avant ton infarctus!
8. Pendant la Première Guerre mondiale, tous les jours son grand-père écrivait des lettres à sa fiancée.
9. Tous les matins, vous vous rendiez au marché, puis au cimetière.
10. Dans l'Égypte antique, on cultivait le papyrus pour fabriquer du papier.

**7·3**
1. Emma était sur la crête des dunes quand elle a aperçu un troupeau de dromadaires.
2. Dany flânait à Montréal le long du Canal Lachine quand il a vu le Mont-Royal.
3. Nous faisions le tour de l'Île-de-Bréhat quand nous sommes passés tout près du phare Ar-Men.
4. Aubépine visitait la Medersa de Marrakech lorsqu'elle a remarqué un vol de cigognes.
5. Stéphane lisait un livre de Maryse Condé quand un groupe d'enfants ont fait irruption dans son jardin.
6. Je traversais les Ardennes en voiture quand j'ai vu, au loin, un champ de coquelicots.
7. Ils descendaient le fleuve en pirogue quand des crocodiles ont surgi d'une forêt de palétuviers.
8. Nous nous promenions dans Sadec, le village de Duras au Vietnam, quand un journaliste australien nous a abordé(e)s.
9. Julie achetait de la soie rue Auguste Comte à Lyon quand une de ses amies est entrée dans la boutique.
10. Alain Mabanckou, l'écrivain congolais, était en Californie quand il a appris qu'il avait remporté le Prix Renaudot.

**7·4**
1. En France, la peine de mort fut abolie en 1981.
2. Colbert conçut le Canal du Midi qui relie la Garonne à la mer Méditerranée et ainsi l'Atlantique à la Méditerranée.
3. Balzac vécut à Passy, aujourd'hui le 16ème arrondissement, de 1840 à 1847, sous le pseudonyme de M. de Breugnol.
4. Le PACS (Pacte Civil de Solidarité) fut créé en 1999.
5. En 1913, Matisse au Maroc peignit *Zohra sur la terrasse*.

6. Marguerite Duras publia *L'Amant* en 1984 et reçut le Goncourt.

7. La Passerelle Simone de Beauvoir, qui relie les rives du 12ème et 13ème arrondissements, enjamba la Seine pour la première fois en janvier 2006.

8. Jeanne d'Arc fut brûlée au bûcher à Rouen le 30 mai 1431.

9. Son roman *Haïti Kenbé la!* jouit d'un grand succès.

10. La célébration des 150 ans de l'abolition de l'esclavage en France eut lieu en 1998.

7·5

1. Nous cherchions Sabine partout, alors qu'elle était partie cueillir de la lavande dans les champs.

2. J'avais toujours circulé à moto dans Paris, mais après l'accident Place de la Concorde, j'ai décidé que la moto, ce n'était pas pour moi.

3. Vincent avait vu le film *Hôtel du Nord* et il voulait descendre à l'hôtel où avait dormi Louis Jouvet.

4. Dali avait eu beaucoup de muses et d'égéries au cours de sa vie, mais quand il rencontra Gala ce fut le coup de foudre, et il allait l'aimer à la folie.

5. Ils avaient exploré La Nouvelle-Calédonie et maintenant ils naviguaient vers l'Australie.

6. L'Île Maurice avait abrité le dodo pendant des siècles, mais l'oiseau ne pouvait pas voler et il n'a pas résisté à l'arrivée de l'homme.

7. Nous nous se promenions le long du canal Saint-Martin, qui avait été créé par Napoléon.

8. Le 1er mai 1886, des manifestations de travailleurs américains avaient permis d'obtenir la journée de huit heures. Quelques années plus tard, les Européens allaient créer la Fête du travail.

9. J'appelais et j'appelais...Marc et Sylvia, mais ils étaient partis faire du vélo sur la promenade plantée, installée sur l'ancien Viaduc de Paris, construit en 1859, et rebaptisé le Viaduc des Arts.

10. Amélie ne connaissait pas le festival panafricain de cinéma et de la télévision de Ouagadougou, mais elle avait vu *Moolaadé*, le dernier film d'Ousmane Sembène.

7·6

1. Si seulement il y avait eu une sortie de secours!

2. Au cas où ton cadeau ne lui aurait pas plu, garde le ticket de caisse.

3. Si seulement le metteur en scène avait été plus patient!

4. Au cas où la population mondiale aurait trop augmenté d'ici 2100, les conséquences seraient désastreuses, tant écologiques qu'alimentaires.

5. Si seulement j'avais pu aller à l'exposition Niki de Saint Phalle au château de Malbrouck!

6. Au cas où tu ne serais pas allé(e) au Festival International du film de Berlin, nous pourrions suivre la Berlinale sur ARTE.

7. Si seulement ce salarié n'avait pas subi autant de pression de la part de ses supérieurs!

8. Au cas où il se serait mis à pleuvoir, mon parapluie est toujours dans mon sac.

9. Si seulement vous n'aviez pas oublié votre iPhone!

10. Au cas où la manifestation aurait dégénéré, la police avait mis en place un important dispositif de sécurité.

7·7

1. La police aurait arrêté trois prisonniers en cavale.

2. Le témoin se serait rétracté devant les juges.

3. Le président brésilien aurait eu une rencontre secrète avec le président chinois.

4. Le leader syndical aurait incité les ouvriers à faire grève.

5. Catherine Deneuve aurait fait une cure thermale à Quiberon.

6. Il y aurait eu ingérence de l'État dans le contenu des médias.

7. Ses parents lui auraient acheté une Twingo vert pomme.

8. Alexandre Jardin aurait vendu beaucoup de livres au printemps.
9. Les hirondelles auraient migré beaucoup plus tôt cette année en raison du froid précoce.
10. Le professeur de français aurait donné un examen surprise dans sa classe ce matin.

**7·8**
1. Nous nous écrivions régulièrement.
2. Sara et Youssef sont arrivés à midi et ils ont déjeuné dans un restaurant français.
3. Sara s'est presque évanouie quand elle a vu l'addition.
4. J'ai descendu les bouteilles au sous-sol.
5. Nous conduisions quand soudain il s'est mis à neiger.
6. Si on allait en Inde l'hiver prochain?
7. Nous n'avions jamais pensé qu'il deviendrait président.
8. Quand ils sont arrivés dans l'atelier de l'artiste, elle était déjà partie.
9. Je ne lui aurais jamais dit cela. Il est si sensible.
10. Comme beaucoup d'écrivains, il aura vécu dans la pauvreté.